JN308527

自分の才能を
埋もれさすな

未経験でも好きな仕事がつかめる

ヘッドハンター／IPC代表
内田 定美

太陽出版

可能性をチャンスに換える◉まえがき

29歳女性、年収２８００万円――。これが最近、転職の相談にきた方のプロフィールである。外資系企業が浸透したせいか、最近では20代後半で年収１０００万円を超える方が登録にみえるのもめずらしくなった。それでも、この年齢でこれだけの年収を得ている女性に会ったのは初めてだった。

しかし、私が驚いたのは年収ではない。彼女は現在のデリバティブ（金融派生商品）のセールスの仕事を捨てて、新しい仕事へチャレンジしたいというのだ。

「金融商品の企画の仕事をしてみたいんです」

デリバティブのセールスをしているうちに、商品企画やマーケティングの仕事に興味がわいたという。

敏腕セールスとして実績を上げている彼女ならば、金融商品に関する知識も深く、売れる商品を作る才能もあるだろう。

しかし、未経験の仕事へ転職となれば年収の大幅ダウンは避けられない。話を聞いてみれば、デリバティブのセールスが嫌になったわけではない。やりがいもあり、職場環境も

悪くないという。同じ職種への転職ならば、かなりいい条件を提示されるのは確実な人材だった。それでも彼女は、

「給料は安くなってもかまいませんから」

と、いう。

常識的に考えれば、数千万円もの報酬を捨てる彼女の選択はおかしいのかもしれない。しかし私は、彼女の選択は間違っていないと思う。それは、その人の才能が最大限に引き出されるのは「好きな仕事」をしている時だからだ。やりたいことがあるのに我慢して、年齢とともに才能の輝きを失っていくほうが、よほどもったいないと思うのである。

多くの人が「好きな仕事」をして、自分の能力を思いきり発揮してみたいと思っている。そのためなら何かを犠牲にしたってかまわない。

そして、そんな彼らを欲しがる企業は確実に存在する。我が社のクライアントの中にも、未経験者を採用する企業がある。企業は未経験者のどんな能力を「キャリアより価値がある」と判断したのか。つきあいの長い人事担当者に「企業が評価し、欲しがる人材の中身」を本書のためにあらためて取材してみた。

また、私がこれまでに転職のお手伝いをさせていただいた方の中には、足りないキャリアをカバーして、見事「好きな仕事」をつかんだ人たちがいる。本書は彼らの体験談と、

30年前に未経験のヘッドハンティングの世界に飛び込んだ私自身の体験も含めて、書かせていただいたものである。

もちろん、キャリアには価値がある。未経験者が経験者と同じやり方で戦って、勝てる見込みは少ない。つまり未経験者が「好きな仕事」を勝ちとるには、普通の、マニュアルに書かれているような転職活動とは異なる方法を取らなければいけないということになる。そして、そのコツをまとめたのが、3章「自分の可能性をアピールする法」だ。ここには、転職市場で生きてきたこの30年間から私がつかんだ実際の方法をまとめた。

人材紹介という仕事は、人材のプレゼンテーションから始まる。企業の要求に１００パーセント応えるのは不可能に近い。そこで、要求に足りない人材を紹介することになるのだが、その際には本人の魅力をいろいろな方法でアピールして、人事担当者に「会ってみたい」と思わせなければならない。まずは面接してもらわなければ話が進まないので、ここでのプレゼンテーションにはかなり力を入れる。

「どういう言葉や表現が、最も人事担当者の心を動かすのか」

体験からそれを知りつくしているのが我々だ。

職務経歴書ひとつをとってもそうだ。同じキャリアであっても、書き方によって書類選考を突破する確率はまったく違う。そのため、登録者には応募書類の添削指導も欠かさない。応募資格に足りない人材の魅力を企業に伝えるには、プロのやり方があるのだ。

また4章では、目まぐるしく変わる人材市場を最短距離で進むキャリア地図の描き方を職種別にまとめた。「好きな仕事」をつかんだ時点で満足してしまう人がいるが、非常にもったいない話である。キャリアをつめば、その仕事はもっとやりがいがあって、年収も高くて、より自由に自分の才能を発揮できる仕事に変わるからだ。

あなたには可能性がある。あとは、チャンスをつかむだけだ。

内田　定美

２００１年６月　梅雨のあい間に

未経験でも好きな仕事がつかめる《目次》

2章● キャリアに負けない能力を知る

企業が評価し欲しがる人材の中身

3章◉自分の可能性をアピールする方法

能力だけでは難関を突破できない

4章◉ドラマチックなビジネスライフのすすめ

成功するキャリア地図の描き方

本文イラスト／松本　剛

1章● 未経験者ステップアップ成功の方法

ヘッドハンターだけが知っている転職の秘策

「未経験者」なんて存在しない

ある大手外資系企業の人事担当者に、「未経験者」の定義を聞いてみた。

「第2新卒、あるいは司法試験の受験や留学をしていたりして、社会人経験のない人です。まったく同じ仕事ではなくても、前職の一部で応用できる部分があれば、その人は未経験者ではありません。たとえば、人材派遣会社の営業マンが、我が社の人事職に応募したとします。はたからみれば営業から人事というキャリアチェンジになるわけですが、彼は未経験者ではありません。人事関係の知識がありますし、登録者へのインタビューに慣れてますから、採用面接などもできるからです」

未経験の仕事へチャレンジする場合にも、過去のキャリアは武器になる。どんなキャリアであれ、即戦力となる部分は必ずあるものだ。

一般事務職のキャリアを活かして、世界最大級の外資系投資信託会社のアナリスト・アシスタントへ転身した女性がいた。失礼とは思うが、彼女はずばぬけたスキルの持ち主ではなかった。キャリアレベルでいえば、5段階評価の3というところだ。では、彼女はなぜ転職に成功したのだろうか。

大学卒業後、大手の建設会社に就職した彼女は、設計部の管理課に配属された。とはいっても、一般事務職で採用された彼女の仕事は、上司のアシスタント業務と情報の整理、資料作成が主だった。

仕事自体は嫌いではなかった。しかし、リストラの記事などを目にするたびに、代わりのききやすい「一般職」というポジションに不安を抱くようになっていた。

「スペシャリストとして、手に職をつけたい」

そして2ヶ月後、彼女は何と世界有数の外資系投資信託会社のアナリスト・アシスタントというポジションをつかんでしまった。年収も50万円アップした。

正直いって、金融専門職へ他分野から転職できるケースは極めて稀だ。それは、高い専門的知識が求められるからである。独学で、ちょっと勉強したくらいでは、通用するレベルに達しないからだ。

第2新卒なら話は別である。金融専門職は高いキャリアが求められるぶん、常に人手不足という状況もある。業務には数理や統計に関する深い知識が必要なため、それらについて学んだ理系出身の若手ならば、未経験でも採用されることはある。

転職市場は、厳しい状況が続いている。求人数は減っていないものの、企業が求めるレベルは上昇し続けている。そんな中でも値を下げないのが「理工系人材」だ。新しい金融商品の開発には、コンピュータや数理統計の知識が必要になる。そこで、そういった分野に強い理工系の頭脳が求められている。

　また、電機メーカーの研究開発から、金融商品の開発やデリバティブに転職するというケースもある。どちらも扱う商品こそ違え、仕事内容が似ている。

　そして彼女もまた、ここをうまくアピールしたのだった。どんな業界にも似ている仕事はある。彼女が応募したのは、アナリストやファンドマネジャーのアシスタント・ポジションだった。為替や企業のリスク管理等に関するデータをまとめ、資料を提供する仕事である。分野は違うが、これは彼女がこれまでやってきた「情報を的確に整理し、スムーズな業務遂行をサポートする」仕事と、とても似ていた。

　前の会社で彼女が作成した資料は、「使いやすい」と評価が高かった。冒頭に資料のまとめがあり、後に進むほど細かな統計が並べられていた。概要だけを知りたい社員は、最初の数ページを読めばよく、スムーズな業務遂行に大きく貢献していた。彼女は再びここをうまくアピールし、採用に至ったのである。

　それから2年後、再び彼女は私のところへやってきた。今度はアシスタントではなく、ファンドマネジャーを目指したいという。証券アナリストの勉強も始めたといっていた。知識と経験を積んだ彼女は、もはや未経験者ではない。近いうちには必ず、彼女の希望にそった企業を紹介できるだろう。

応募資格「経験3年」は未経験OKのサイン

日曜日の新聞が待ち遠しいという人がいる。求人広告がたくさん載っているからだ。「今日の新聞には、いい仕事があるかもしれない」紙面をめくっていると、自分の未来を探しているような気持ちになる。希望条件を満たした求人があれば、小さなガッツポーズを決めたくなる。見つからなければ、明るい未来はまだ先のような気がして、ちょっと暗い気分になる。

求人広告を見る時、最初にチェックするのは仕事内容だろう。それが希望職種であれば、次に応募資格を見る。そこにはだいたい「経験者、28歳まで」とか、「要実務経験」と書いてある。すると、

「なんだ、経験者じゃないとだめか……」

希望にあった求人であっても、「未経験者可」と書いてある企業でなければ採用されないと思いこみ、最初から応募しない人がいる。しかし、そんなしぼり方をしていると、未経験者が応募できる企業は、ほとんどなくなってしまう。

たしかに、経験者を求める求人に経験者と未経験者が応募した場合、採用される可能性が高いのは経験者だ。しかし、応募者が考えるほど応募資格に執着しない企業もある。たとえば「実務経験3年以上」の人材を求めている企業の中には、

「経験者のほうがいいけれど、いい人がいれば未経験でも採用しよう」

と考えている企業もあるのだ。彼らは、

「経験にみあう別の能力があれば、それでもいい」

という判断基準なのだ。

実際、未経験者が採用されて経験者が不採用になるケースに出会ったことも何度かある。それは、「やる気のある」未経験者やポテンシャル（可能性）を秘めた未経験者と、「経験年数のわりには、たいした仕事をしていない」経験者が競ったケースだ。

やる気があまり感じられない、これから伸びそうもない人と、今は知識や経験は足りなくても、数年後に大きく伸びる可能性が感じられる人材がいたら、企業は後者を採用する。やる気や可能性の価値は、あなたが考えているよりずっと高い。

また、その業界を知らないと、数年間の経験に大きな価値があるように思えるが、それは誤解だ。自分の職場に置き換えてみてほしい。大卒で経験が3年ある人といっても25、6歳で、彼らのキャリアは社会人の基礎知識プラス専門知識少々というところである。そ

して、彼らより年下の社員がどれだけその仕事の専門性を備えているかといえば、レベルはしれている。「経験者」という二文字を怖れる必要はない。

もちろん、本当に経験者でなければ無理な仕事も多い。そういう求人には、

「3年以上の実務経験者であること」

などと書いてある。3年以上ひとつの仕事に就いていれば、後輩ができたりして、仕事内容が複雑になる。経験3年は、1ステップ上の段階にあることを示している。

裏返せば、未経験者のやる気やポテンシャル、異業種キャリアは、3年未満の経験と同じ価値を持つことがあるということになる。そして、未経験者が経験者に勝てる方法は、いくらでもある。

どうか転職市場の本当のところを知らずに最初から諦めて、自分の可能性を自分で狭くするようなことはやめてもらいたい。

未経験者でもスカウトのターゲットになる

職種転換の方法として、スカウトされるという方法がある。

「未経験者を引き抜き？」

と、意外に思うかもしれないが、実際には、こういうことはよく行われている。

木村勇祐さん（28歳・仮名、以下同）は大学卒業後、人材派遣会社に就職し、営業部に配属された。派遣先の開拓と管理を担当していた彼は、企業の人事部へ頻繁に足を運び、企業が求める人材の条件を聞き出したり、逆にどんな人材を投入すれば業務の効率が上がるかを提案した。

彼は、相手がどんな人材やサービスを求めているのかを素早く察知し、提供することにたけていた。時には企業の問題点を指摘し、自分の判断による改善策、解決策を提案することもあった。それらの案のいくつかは実際に取り入れられ、実績を上げていた。

そんなある日、顧客である某企業の人事部長が、仕事にかこつけて彼を呼び出した。

「私の下で働く気はないか?」

彼は営業の仕事を通じて、人事関係の仕事に強い興味を持ち始めていた。そして、もっと人事の仕事に深く取り組んでみたいとも考えていた。しかし、今の会社では社内での職種転換は難しい。

彼は人事部長の誘いに二つ返事で応じ、現在は採用関係で我が社の窓口を担当している。大きな企業だけに扱う人材の人数も多く、その中身も多様だ。彼は今の仕事を大いに楽しんでいる。

仕事では積極的に〝出る杭〟を目指せ

先日、我が社へ顔を出した時には、

「まさか自分が引き抜きの対象になるなんて、思ってもみませんでした」

と、笑顔でいっていた。

企業が評価したのは、仕事に対する熱心さと、人材市場に関する深い知識だった。彼は、外資系の人材派遣会社で働いていた。人事制度は、日本より欧米のほうが進んでいる。彼は、最先端の人事制度に日々触れる環境にいて、かつ自分でも勉強を欠かさなかった。そして、新たに手に入れた情報や知識を、企業へこまめに提供していた。そんな行動から、仕事に対する真面目な姿勢や、勉強熱心さが伝わっていった。

また、これは人事職に限ったことではないが、経営的発想からの提案や、結果を出せる企画力も評価が高い。彼は、日頃から企業に対して新たな提案をし、実績をあげていた。これが彼の有能さを証明していた。

そして、木村さんは時折、彼を引き抜いた人事部長に、

「実は、人事の仕事に興味をもっているんです」

と、もらしていた。人事部長はこれを聞いて、

「今の仕事でこれだけ実績を出せる男が、好きな仕事に就いて活躍しないわけがない」

と思い、彼に声を掛けることにしたという。

営業など外部と接する機会の多い仕事は、取引き先の人間に気に入られて声をかけられることがよくある。他にも、ファッション関係のメーカーの営業マンが売り込みに行った取引先で、バイヤーやマーチャンダイザーとしてスカウトされた例もある。商品知識がありセンスもある営業マンなら、ちょっと勉強すれば、他メーカーとの価格の折衝や売れ筋の把握、効率的な仕入れ方は、すぐに身につくからだ。

チャンスは、どんなところに転がっているかわからない。

だからこそ、転職を考えていても、今の仕事で手を抜くことなく、どんな相手にも誠意を持って当たる必要がある。

派遣から高収入の花形職種を手に入れる

就職先が見つからず、やむを得ず派遣社員になる女性は多い。そして一般的には、派遣社員として働くと、就職に不利になると思われている。しかし、それはケースバイケースだ。実際、派遣社員から高収入の花形職種へ職種転換した例を、私はたくさん見てきた。また実際に、転職をお世話したこともある。

安藤房子さん（27歳）は、短大の国文科を卒業後、商社に就職、輸入の受注事務をしていた。請求書や納品書の作成、売買伝票の計上といった仕事が主で、毎日毎日、同じような作業の繰り返しに、疑問を持ち始めていた。

「このまま10年間、ここで働いても自分の成長はないのかも」

彼女は会社を退職して〝自分が成長できる〟転職先を探すことにした。だが、なかなか希望にあった就職先が見つからない。会社を辞めた友人に相談してみると、彼女らの多くは、派遣会社に登録して働いていた。そこで、とりあえず彼女も派遣会社に行くと、

「残業が少ない派遣社員になり、英会話学校に通って語学力をつけるのはどうでしょうか。それから就職先を探せば、よい条件の企業へ就職できると思いますよ」

と、アドバイザーにいわれた。彼女はそれも悪くないと思い、派遣として働くことに決めた。もしもこの時、彼女に相談されたら、私も同じアドバイスをしただろう。派遣社員には、正社員に比べて時間を拘束されないメリットがある。このメリットを、遊びに使うか、自己啓発に使うかで、その後の就職先のランクは大きく変わる。

彼女は、金融業界とコンピュータメーカーに派遣された。業界は違ったが、仕事は一般事務系の内容で一貫していた。そして、派遣社員になってから英会話学校に通い始めた。1年半が過ぎていた。

「英語の勉強もしたし、今度こそ就職先を探そう」

しかし、彼女には、ひとつ不安があった。それは、派遣社員を1年半もやってしまったことだった。マニュアル本を読むと、そこには「派遣社員の経験は、就職に不利になる」と書いてある。私のところに相談にきた彼女は、不安げな表情でいった。

「私のような人間にも、いい就職先はありますか」

以前、「まだ若いんだし、どこでも就職できる」と思って会社を辞めたものの、まったく鼻にかけられなかった経験が、彼女の中で小さなトラウマになっていた。私はいった。

「大丈夫。あなたはこの1年半、遊んでいたわけじゃない。英語の勉強もしていた。ご希望に沿った就職先をご紹介できると思いますよ」

すると、彼女は初めて笑顔を見せてくれた。

確かに長過ぎる派遣期間はハンデになる。目安は2年だ。それ以上続けると、理由は何にせよ、

「アルバイト感覚で、仕事しているのではないか」

と、とられやすい。

ちなみに、同じ派遣社員でも、3ヶ月ごとに職場を変えた人よりも、ひとつの企業で、同じ仕事を長く続けている人のほうが評価は高い。中には同じ派遣先で、5年も6年も正社員と同じように仕事をしていた人がいて、そういう人は正社員と同じように評価されたこともある。しかし、一般的には派遣先は短期で変わることが多い。

結果からいうと、彼女は自分で就職先を見つけてきた。派遣先の外資系コンピュータメーカーの営業部のグループ・セクレタリー（部全体の一般事務プラス部長の秘書業務が任務）が退職することになり、彼女に声がかかったのだ。契約社員からのスタートだったが、半年後には上司の推薦で正社員に登用された。

派遣先で気に入られて、社員になるパターンは以前からよくあった。未経験者が入るのが難しい業界も派遣なら入りやすく、そこからスペシャリストにステップアップした女性の話もよく聞く。たとえば、ディーラーのアシスタントとして事務的な仕事をこなしつつ、

そこで知識とキャリアを積んで、ディーラーになった女性も多い。とりあえず業界に入れば、目指す職種を手に入れるチャンスはあるのだ。

企業が評価したのは、彼女が社員時代にも派遣時代にも、業務をきちんとこなしていたことだった。仕事の中身は一般事務やアシスタント業務だったが、その業務こそ秘書の業務に共通するキャリアだったのだ。もちろん、セクレタリーとして能力を発揮するために、最低限必要な語学力とパソコンスキルを身につけていたことも、採用理由のひとつだ。

だが、それ以上に、彼女の「使われ上手」な性格が、決め手になった。セクレタリーは、ボスが仕事で能力をフルに発揮できるよう、サポートするのが仕事である。したがって、ボスから「仕事を頼みづらい」という印象をもたれたら、セクレタリーに就くのは非常に難しい。

使われ上手というのは、相手がしてほしいと思っていることを素早く感知し、めんどうな作業を頼まれても、嫌な顔をせず請け負うということだ。簡単なようでも、これができない若い人は多い。

セクレタリーだけに求められる能力ではなく、20代全般で評価が高い能力である。

一般事務系の仕事をしている人の中には、

「自分には履歴書に書けるようなキャリアがない」

と、勘違いしている人がいる。

今の仕事をきちんとこなし、さらに英語力をつければ、10年後には年収８００万円の外資系企業のエグゼクティブ・セクレタリー（役員秘書）という道も開けていることを知ってほしい。安藤さんのケースは、決して特別ではないのだ。

プロが教える未経験転職をキャリア転職に変える法

未経験からの転職には、ハードルがあるのは事実だ。

何だかんだいっても、キャリアには高い価値がある。基本的には「未経験者歓迎」という企業はない。「未経験でも可」という企業があるだけの話だ。採用されることの難しさ以外にも、問題はたくさんある。たとえ給料が下がるのは、ほぼ確実だ。一からの出直しだからしょうがないが、年下が先輩になることだってあるだろう。

しかも、30歳を超えて、それまでの仕事とまったく別の仕事を始めるのはかなり難しい。企業としては、同じレベルの30歳と25歳がいたら、絶対といっていいほど年齢の若いほうを選ぶ。給料が安いし、これから伸びる可能性が高いからだ。

暗くなる状況を羅列してしまったが、実は、これらの問題をすべて解決する異職種転職の〝裏わざ〟がある。それは、1回目は職種は変えずに業界を変えるのだ。それから希望する職種をめざすという方法である。このように、2段階に分けてやりたい仕事をつかむのなら、年収や待遇のランクはそれほど下がらないし、今までの自分のキャリアを活かせる。また業界経験があるぶん、まったくの未経験者というわけではないので、20代ではなくても企業から敬遠されることはない。

この方法で、見事ステップアップ転職に成功した26歳の女性がいる。私のところへやってきた時の彼女の年収は680万円。この若さでこれだけの収入を得ている女性はめったにいない。しかし、さらに驚いたのは、彼女が職種転換を希望していたことだ。

彼女は短大を卒業すると、外資系通信機器メーカーの研究所で、研究員のアシスタントという仕事に就いた。彼女の武器になったのは、語学力とパソコンスキルだった。英検1級、TOEIC890点という抜群の英語力に加えて、フランス語の勉強もしていた。

そこを2年半で辞めると、彼女は25歳の若さで、外資系の金融関係企業のエグゼクティブ・セクレタリー（役員秘書）という職を射止めた。

彼女はそれから1年後に私のところへやってきた。アパレル関係のマーケティング・アシスタントを希望していたのだが、彼女にはアパレル関係もマーケティング関係でもキャリアはゼロだ。まず転職は難しいし、年収の大幅ダウンは避けられない。

新職場での「前職キャリア」活用度（%）

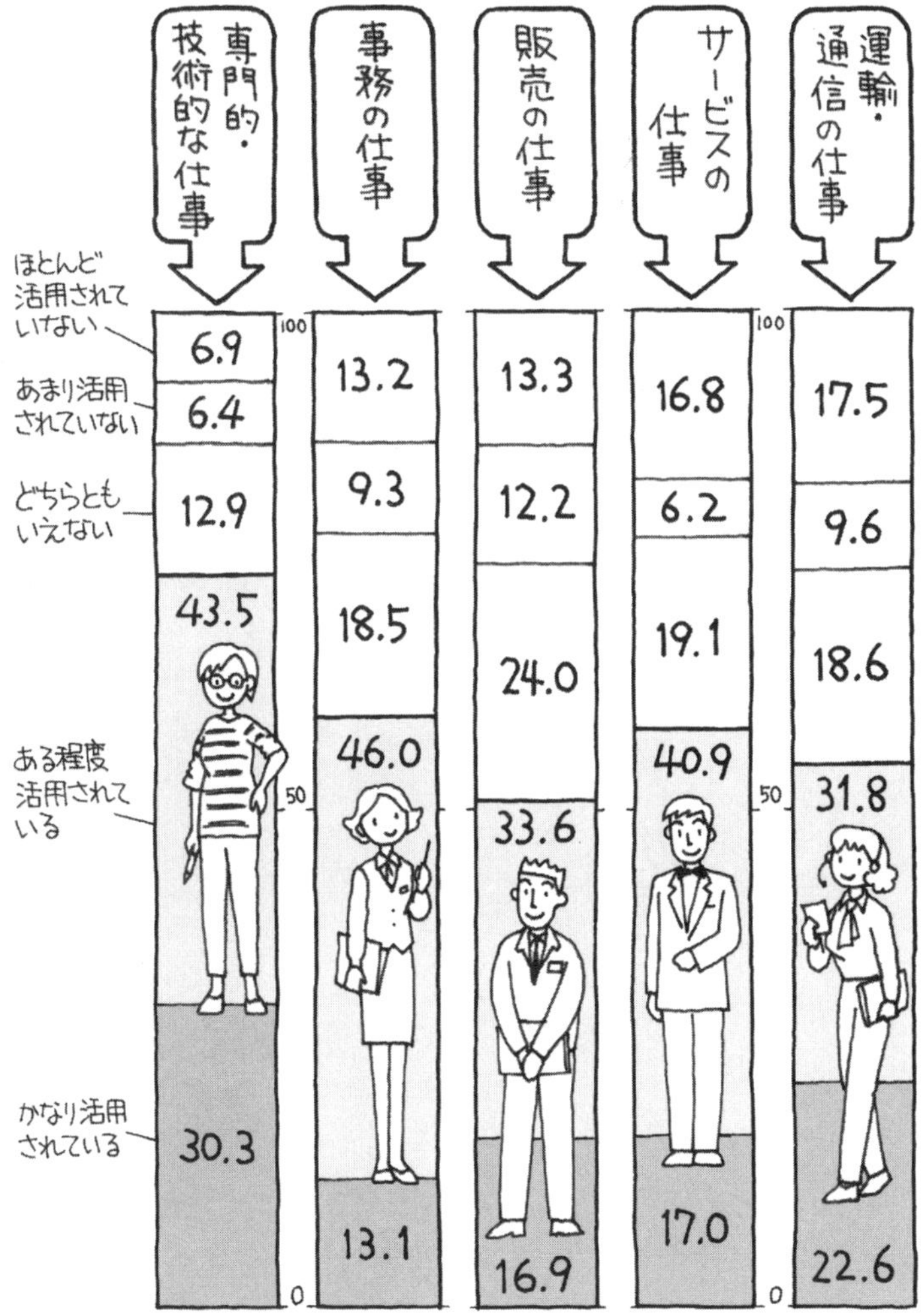

資料：労働省「平成9年若年者就業実態調査」（平成10年）

そこで、私は次のようにアドバイスした。

「すぐにマーケティング・アシスタントになるのは難しいと思います。それより、まず外資系アパレルのエグゼクティブ・セクレタリーになって、アパレル業界に入ってみるのはどうでしょう。そして、次のステップとしてマーケティング・アシスタントを目指すのです。そちらのほうが、多少遠まわりですが、今より希望する仕事につける可能性はかなり高くなりますよ。それに年収の大幅ダウンも避けられます」

彼女は私の案に納得し、年収６２０万円とややダウンはしたが、新たなチャレンジをスタートした。

やりたい仕事も、年収も、自分のキャリアも大切にする転職の方法はある。手に入れたいものは、全部手に入れればいい。何かのために何かを諦める必要なんてまったくない。

キャリアを活かして業界や業種を変える方法

働いている人たちの大半が、もと未経験で占められている業界がある。それは、人材を探し、企業へ紹介する我々の仕事、人材紹介業だ。人材紹介会社は、あらゆる業界と職種から人を採用する。そこでは逆に、人材紹介の仕事の経験よりも、「メーカーで営業をしていました」といった異業種キャリアがプラスになることもある。

人材紹介会社が欲しがっているのは、異業種キャリア者の「現在いる業界についての知識と人脈」だ。ある人材紹介会社が、医薬業界の人材をスカウトしたいとしよう。その場合、医薬業界の知識も人脈もないヘッドハンターが一から始めるよりも、医薬業界にくわしくて人脈のある人材を雇って、その人にスカウトを任せたほうが合理的なのだ。優秀な人材を短い期間で見つけだせるし、顔見知りだったり、仕事についての理解があれば、声をかけられたほうも、安心して転職を任せられる。さらに彼らは、仕事のレベルを見抜く眼力もある。

また、他の仕事と同じようにヘッドハンターや人材アドバイザーに必要な能力は、キャリアに正比例して高まるものではない。重要なのは、転職という一大事のマネジメントを「この人に任せてみよう」と思わせる信頼性と、企業や人材を口説き落とす交渉力だ。

付け加えるならば、この業界は今、新たな方向へ向かおうとしている。今までの日本にはなかった新しい人材ビジネスが、日本に浸透しつつある最中だ。

エグゼクティブ・サーチというビジネスがある。顧客企業の依頼に応じて、その企業の幹部、あるいは将来の幹部候補者としてふさわしい人材を、市場から探し出すビジネスである。

たとえば、経営が悪化している企業の現社長をクビにし、新しい社長を迎えたいとしよう。そんな時、顧客企業の問題点を聞きだし、経営を立てなおせる人材を探して、紹介する人材ビジネスである。どこの企業も、経営を建て直せる優秀なリーダー確保には頭を悩ませている。日本では、まだメジャーではないが、数年後には欧米のように大きく市場を広げているだろう。人を中心としたビジネスに興味があるならば、この業界は、これから飛び込む価値が十分ある。

業界や職種によって、即戦力の中身は違う。異業種キャリアにこそ、評価が集まるビジネスもある。業界や職種を変えても、今までのキャリアが活きるポジションを探せばいいのだ。

埋もれている「実績のない才能」をどうアピールするか

「未経験者は、書類選考で必ず落ちる」

という声を聞くことがある。だがこれは、やる気が経験に勝てなかったということではなく、経験に見合うやる気を、企業に伝えきれなかった場合に多い。

たんに「がんばります」「やる気があります」というだけでは、企業の関心をひくことはできない。本気ならその証拠を見せなければいけない。その仕事に必要な資格を取ったとか、希望する業界について自分なりに勉強をしてきたとか、努力の裏付けを示さなければ、書類選考で落とされるのは当然だ。

また、未経験者の魅力は書類に書けないところにある。そのため、たとえばフォームが決められたメール応募のような方法で自分の魅力を伝え切ることは難しい。人材紹介会社を通して、キャリア以外の魅力を伝えてもらうようサポートを願うなど、成功率を上げるための工夫が必要になる。

生命保険会社の営業職から、主婦向けの料理雑誌の編集者への職種転換に成功した26歳の女性がいた。彼女は、学生時代は雑誌編集者を志望していたが、新卒時には希望する業界へ就職できなかった。

「大学を卒業したら、もう親に頼ることはできない。やりたい仕事ではなくても、とにかく決めなければ」

正直いって、新卒時は義務感で仕事探しをしていたという。結局、彼女は、1社だけ内定を得た保険会社に就職したが、本当にしたいのは、この仕事ではないという思いをくすぶらせていた。

そこで、転職雑誌を手に取ってみると、希望する仕事の求人は圧倒的に少ない上に、未経験者歓迎の文字はどこにもない。どれも「経験者の方」や「Quark Xpress、Photoshop、Illustrator など Mac を使える方」という条件が並んでいた。彼女には、応募条件に書かれたソフトが、どんなソフトなのかさえわからない。

「でも……、歳をとればとるほど、未経験の仕事へ転職するのは難しくなる。チャンスは今しかないんだ。何もする前から、あきらめるわけにはいかない。何か、前に進まなくては」

と、自分をふるい立たせ、まずは履歴書に書ける材料を作ろうと、ＤＴＰ（Desk Top Publishing）のスクールに通うことにした。そして全講習が終了する頃、彼女はある料理雑誌の最終ページに、編集者募集の告知があるのを目にした。彼女は料理が趣味で、その雑誌の愛読者でもあった。

彼女はさっそく応募した。ＤＴＰの勉強をしたことや、料理が趣味であることを応募書類に書いた。オリジナル料理のレシピも添えてみた。面接時には、その雑誌で組んでみたい特集の企画書を持っていき、

「やりたい企画は山ほどあるんです」

と、積極的にプレゼンテーションした。もちろん、学生時代からマスコミを志望していたことも、志望理由として熱く語った。こうしていろいろな形でやる気をアピールした彼女は、倍率30倍の壁を突破し、見事採用された。彼女が競った応募者のほとんどは、経験

者だった。

同じやる気を持っていても、それを伝えることができなければ未経験者は不利だ。自分がこれから大きく変わる可能性のある人材であることを、企業にわからせる工夫が大切なのである。

新卒時は、出身大学によって、就職に有利不利がある。だが、転職というステージならば、学歴という物差しには振り回されない。どれだけ真剣に仕事に取り組み、成果を上げてきたかという〝本当の力〟で勝負ができる。転職なら、新卒時に諦めた夢も狙える。大逆転も可能な、リベンジのチャンスなのだ。

企業が「応募条件外」を採用する理由

私の会社にくる求人は、基本的には経験者採用である。未経験者でもいいなら、新聞に出す求人広告で人は集まる。安くない紹介料を払ってまで欲しい人材は、すぐに職場で活躍できるコア人材だ。いきなり未経験者がその役割を担うのは難しい。

しかし、私は時おり、

「御社の要求には達していませんが、ぜひ会っていただきたい人物がいます」

と、応募条件に合わない人材を推薦することがある。

私にそういわせる人材は、たいてい人事部長にも気に入られて、すぐに役員面接まで進んで採用となるケースが多い。

私はなぜ即戦力とはなりえない彼らを強く推薦したのか。そして、条件に合わない人材を、企業が採用したのはなぜなのか。彼らにはいくつかの共通点がある。

①経験のわりに中身の濃い仕事をしている

ビジネスマンとしての有能さを表す。

②積極性がある

自分の経験を過大評価し、これ以上伸びる必要はないと勘違いしてしまう経験者がいる。自分を高めようという意識がない彼らよりも、キャリアは足りなくても、貪欲に成長しようとする積極性を持った人材に企業は魅力を感じる。

③人柄がよく、人間関係能力に優れている

どんなに力があっても、一緒に気持ちよく働けない人は、チームワークを乱す。すると、結果として会社の利益は下がってしまう。また、人間関係でトラブルが多そうな人は、才能があってもそれを評価し、応援してくれる人がいないので、ステップアップに時間がかかってしまう。

④ポテンシャルが高く、志望する業界や仕事について勉強している

1年ぐらい教育すれば大きく伸びる、と現在よりも将来性をかわれる。3年後、5年後に活躍できる人材だと判断される。

⑤交渉力や折衝力に優れている

どんな仕事においても、利益を上げるためには不可欠な能力である。

⑥企画提案力やプレゼンテーション力に優れている

以前はトップが指示を出し、それをそのまま遂行するのが普通だったが、現在では小さなプロジェクトを積み上げていく形が一般的になった。そこで、自分で企画を考えて、それをプレゼンテーションできる人材が求められている。

彼らは「ちょっと教育すれば、すぐに伸びる可能性がある」と、企業が判断した人材だ。社員をひとり増やすには、かなりの経費がかかる。また、一度採用したら簡単には解雇できない。どこの企業も人材選びには慎重だ。目先のことだけではなく、数年後を考えて人を採る。そして、企業はシビアな目でチェックし、これらの能力をキャリアと同等か、あるいはキャリア以上に価値がある能力だと考えているのである。

しかし、これらの能力は面接まで進めばある程度伝わるが、キャリアが不足している人は、書類選考で落とされる可能性が高い。どんなに人物評価が高くても、面接までたどり着けなければ意味がない。だから、あなたの能力や努力を表す材料は、必ず応募書類と一緒に送付できる形にしておかなければならない。

材料としては、資格が一番わかりやすい。特に若い人の場合、資格には力がある。私のところへ登録した人で、営業職から経理職への職種転換を希望した25歳の男性がいた。私は彼に、早急に転職を考えずに、ＣＰＡ（米国公認会計士）の資格をとることを勧めた。努力して合格した彼は、希望どおりの職に、年収80万円アップで就くことができた。

ホームページを作って、アドレスを書き添えておくのも効果的である。会社案内や商品のカタログを作るのと同じで、ホームページを作る作業には、企画力や読者をひきつける技術、ビジュアル面でのセンスが求められる。そういった能力を伝える材料になるわけだ。今では簡単に作れるソフトもあるので、やってみる価値はあるだろう。

クリエーター系の仕事ならば、作品を送るのが一番だ。たとえば、グラフィック・デザイナー志望ならば、愛読誌の表紙のデザイン案を作って送るという手もある。

マーケティングの仕事がしたいのなら、実際に店に足を運んだり、雑誌で情報を集めたりして、マーケティングの勉強をするのもいい。そして、それをレポートなど応募書類と一緒に提出できる形にしておく。

転職市場はキャリア志向が強い。しかし、企業は高度な専門性のある人だけを求めているわけではない。機転がきき、経験がなくても教育すれば伸ばせる人材も、大勢求められている。「即戦力」や「スペシャリスト」といった言葉に必要以上に振り回されることはない。

新聞に出ない飛びつきたくなる求人の探し方

「未経験者を求む」という求人依頼はこないが、「25歳くらいの未経験者を求む」という求人依頼は、時折入ることがある。特に就職氷河期のピークを過ぎたここ数年、この手の依頼は増えつつある。その多くは大企業だ。

これは、就職氷河期に新卒を採用しなかった企業が、社内の年齢構成を修正するために、積極的に25歳前後の第2新卒層の採用を行っているからである。そして先日もまた、

「25、6歳の未経験者を一人探しているんですが……」

という電話が、私のところへかかってきた。

電話をかけてきたのは、ある大手外資系企業の人事課長だ。経理職の人手が足りないという。年収は４２０万円だ。

ちなみに、この情報は一般には流れなかった。一部の人材紹介会社にだけ流された情報

である。大手外資系企業は、求人スペックの一覧を、定期的に人材紹介会社へ流す。しかし、こういったスポット的求人は、すぐに採用したいということもあり、つきあいの深い人材紹介会社にだけ依頼する形をとる。たぶん、私のところも含めて、2、3社に電話をかけたと思う。

スポット的求人は、経験者を求められることもあるが、第2新卒的な未経験者の求人も多く、応募者にとっては、〝おいしい〟求人であることが多い。情報が流れる人材紹介会社も限られているため、競争倍率も低い。今回の募集が新聞や転職雑誌に出ていたら、100倍は下らないが、実際に面接を受けたのは10名ほどだ。ちなみに、経験者の採用であれば、条件に該当する人材が減るぶん、倍率はもっと下がる。

もちろん、人材紹介会社を使うメリットは、企業側にもある。大企業が新聞に「未経験者求む」の求人広告を出したら、大変な人数の応募者が集まってしまう。その中には、社名だけで応募してくる的外れな人材も多い。職務経歴書の書き方がうまくて、書類選考は通したが、実際に会ってみたら人物評価はそれほどでもなかったということもある。その点、人材紹介会社を通せば、基本的な条件をクリアした人材だけが面接にくる。その人数も10人程度なので、面接にかける時間も少なくてすむのだ。

杉田憲一さん（25歳）が登録した翌週に、この電話はかかってきた。彼は、大学を卒業後、地元の地銀で融資業務をしていた。キャリアは１年半で、中小企業への融資の審査や財務分析、与信管理が主な業務だった。大手銀行と違い、中小企業の社長と接する機会も多く、やりがいのある仕事ではあったが、彼はもっと大きな、そして国際的な業務に携わりたいと思うようになった。

そのためには語学力が必要だ。彼は銀行を辞め、南アフリカ共和国へボランティアに行くことにした。アメリカやイギリスを選ばなかったのは、日本人がいない国へ行きたかったからだ。ボランティア同士の共通語は英語で、帰国後に受けたＴＯＥＩＣは７７０点、出国前より２４０点もアップしていた。

銀行時代、融資業務を担当していて、企業内部の金の流れに興味があった彼は、経理の仕事に挑戦しようと考えた。そこで帰国後、ＣＰＡの勉強も始めることにした。

今回の募集の条件は、26歳までの未経験者で、基礎的な英語力とやる気、積極性を持っている方という内容だった。彼は、その条件どおりの人材だったし、彼にとっても理想的な就職先であった。

まず人事の面接があり、その後に簡単な英語の筆記試験、経理部長の面接、最後は直属の上司となる人間による面接が行われ、採用が決定した。登録から採用まで、すべては１ヶ月の出来事だった。

未経験者に限定した募集の場合、採用基準になるのは、その人の人間的魅力である。企業は、ＣＰＡの勉強を始めたという彼の経理職への意欲、語学力、明るくて積極的な性格をかった。銀行時代のキャリアは1年半と短かったため、評価の対象にならなかったが、そこで身につけた物腰の柔らかさは、好感を持たれた。また、キャリアにブランクは作ったものの、海外でボランティアをしてきた経験も、面白い人材だとプラス評価された。若い人の場合、キャリアよりも、こういった変わった経験のほうが、評価が高いことがある。ステレオタイプの人材よりも、どこか異才を感じさせる人材に注目しだしているのだ。面接も大いに盛り上がったそうだ。

第2新卒者は、「まだキャリアがないから」と、人材紹介会社に登録することをためらう人が多い。しかし、このように、彼らにしかあてはまらない求人もきていることを知ってほしい。費用はかからないのだから、チャンスを逃さないためにも気軽に登録してもらいたい。

慢性的人手不足の花形業界を狙え

ＩＴ業界は、未経験者に大きなチャンスがある業界である。インターネット上にビジネスの場を変えただけの面もあるため、あらゆる職業に就いている人に、チャンスがある。ウェブマーケティングやネット広告事業では、広告業界で営業やマーケティングをしていた人たちのノウハウが求められている。ＥＣ（電子商取引）システムを構築する際にも、その業界に関する知識や経験がある人が必要だ。業界での幅広い人的ネットワークの評価も高い。

これまでもユーザー系企業の情報システム部門などにいた技術者が、ＩＴ業界へ異業種転職する例はあった。しかし、それだけでは人材が足りない状況にあり、経験は足りなくてもポテンシャルの高い人なら採用したいという企業が増えている。

ただし、ＩＴ業界は、自分で勉強することが強く求められる業界であることを肝に命じておいてほしい。当然だが、技術系はかなり性根をすえて勉強しないと、やがて使いものにならなくなる。めまぐるしい技術革新やシステム構築の改良の結果、ＩＴエンジニアの仕事は、日々、新しい知識の習得に追われる。

しかし、だからこそ未経験者にチャンスがあるのだ。勉強する努力を持続できず、挫折する人が多いため、経験者だけではとうてい需要に追いつかない状況がある。そこで、「ポテンシャルが高く、やる気のある人」ならば、未経験でも採用する企業があるのである。

また、その努力を持続できるならば、職を探す苦労もない。中級レベル以上のエンジニアは、どこでも人気が高い。経験よりも努力する姿勢に価値のある職種だ。

コンサルティング会社のＩＴエンジニアとして活躍する有岡圭太さん（28歳）もまた、1年前まではまったくの未経験者だった。有岡さんは、友人と始めたホームページ作成をきっかけに、パソコンの面白さにはまり、仕事にしたいと思うようになった。Ｗｅｂデザイナーもいいし、プログラマーも悪くない。そこには、多少クリエイティブな仕事に対する憧れもあった。

就職活動を始めた有岡さんの当時の年齢は26歳。法学部を卒業し、司法試験の受験生だった彼は、会社員経験もなかった。当然、就職活動には苦労した。活動の中心はメール応募だったが、なかなか面接まで進めず、途方にくれた。そんな中、初めて彼を面接に呼んだ企業が、現在の会社だ。面接では、

「経験のない方がエンジニアになるには、いろいろ勉強しなければいけないことも多く、かなり苦労されると思います。実際、未経験で入られた方は、長く続いていません。技術者として取得してほしい資格もあります。自信はありますか？」

と、聞かれたという。それに対して有岡さんは、

「資格を取得できるかどうかはわかりません。しかし、それに対して前向きに取り組んだり、あきらめずにやることは、この場でお約束できます」

と、正直に答えた。

企業は、彼の前向きな性格と素直さを評価し、彼なら頑張り通せるかもしれないと、採用することに決めた。

すぐに、技術者としての勉強の日々が始まった。だが、同僚はみな忙しく、仕事を教えてくれる暇はない。自分で勉強しなければ、いつまでたっても未経験者のままだ。技術関連の書籍や資料を手に、見よう見まねでプログラムを組んでみた。会社でも家でも、パソコンと参考書と向き合う日々の連続で、いつの間にか3ヶ月がたっていた。正直、想像していた数倍も大変な毎日だった。

それでも彼は投げ出さなかった。有岡さんは、仕事に対して前向きで、どんなことがあっても腐らない人物だった。未経験の仕事で頑張ろうと思う時、これは大きなポイントである。経験者に比べて、これからぶつかる壁は高く、乗り越えるにはかなりの困難を要する。それを乗り越えられる人でなければ、長続きしない。

仕事の中身が見えづらい仕事や、クリエイティブ系など華やかな仕事は、イメージと現実のギャップに驚いて、長続きしない人が多い。雑誌編集者などがいい例だ。編集をやりたくてしょうがなかった人は、幻想ばかりが大きくなっている。

しかし、実際の編集作業というのは地味の一言に尽きる。読者から届いたハガキの整理や、宛名書き、資料集めや誤字探しなどに追われる日々に、がく然とする人は多い。もちろん、その延長戦上に面白い仕事は待っているのだが、知識だけで頭でっかちな人間は、そこまで長続きしないのである。

夢を持ったり、それに向かって努力することは素晴らしい。しかし、どんな仕事であっても、自分がやりたいことができるようになるのは、ある程度キャリアを積んでからなのだ。そこまでの地道な下積み時代に耐えられない人は、一生プロにはなれない。

好きな仕事をつかむことは、実はそれほど難しくないともいえる。大切なのは、それを持続する力である。

持続して、プロになって、その仕事で幸せを感じることがゴールだ。才能がある人とは、生き残っていける努力のできる人のことなのである。

経理職からヘッドハンターに転身した「私」の方法

実は、私も未経験からの転職組である。人材紹介会社に就職した私は、総務部の経理課に配属された。当時は、まさか自分がヘッドハンターになるとは思っていなかった。人材紹介の仕事に興味を持っていたわけではなかったし、特に経理の仕事を希望していたわけでもなかった。正直いって、その頃の私には「やりたい仕事」がなく、何となく入った会社だった。

ただ、ひとつだけ決めていたことがあった。それは「いずれは独立しよう」と思っていたことだ。どんな仕事でもいいから、自分で何かをやってみたいと思っていた。

経理の仕事は嫌いではなかったし、自分なりに真剣に取り組んでいた。しかし、これで独立となると、税理士の資格をとらなければいけない。それは自分には難しいだろう。それに、経理は自分の能力を生かせる仕事だろうかと考えた時、答えは「NO」だった。

「自分には、どんな仕事が向いているのか？」

そう悩んでいた頃、ヘッドハンティングの仕事と出会った。

当時住んでいたアパートが、会社の人材紹介部の部長の自宅と近かったため、私たちはよく一緒に帰ったり、飲みに行ったりしていた。部長は、自分がどんな人材を探してきて企業に紹介したか、そしてそれによって、企業と個人がいかに幸せになれたかを話してくれた。

時にはうまくいかないこともあったようだが、そんな時は両者に誠意を持って対応し、

「あの人の言葉や、つれてくる人材に間違いはない」

と、信頼をよせられていた。

そういう誰かの人生を幸せにする仕事に、私は惹かれ始めていた。

それに、この仕事に商品はいらない。いい人材を早く提供できれば誰でもいい。個人と企業にきちんとしたサービスを提供すれば、会社ではなく「内田定美」という人間を信頼して、仕事がもらえる。

「よし、人材紹介の仕事にチャレンジしよう」

こうして、私はやりたい仕事を見つけた。26歳の時だ。するとタイミングよく、人材紹介部で増員の計画が持ち上がった。私は人材紹介部の部長にいった。

「内田がほしいと、社長にいってもらえませんか？」

その会社は社員30人ほどの小さな会社だったので、社長がすべての人事を決めていた。しかも私は経理の仕事をしていたため、社長と接する機会が多かった。私の働きぶりや性格を熟知していた社長や人材紹介部の部長は、

「経験はないが、内田ならできるだろう」

と判断してくれ、人材紹介部に異動させてもらえた。本当に嬉しかった。やりたい仕事を、自分でつかむことができたのだ。

私がラッキーだったのは、やりたい仕事が社内にあったことだ。もしも外の企業に応募していたら、経験のない自分が人材紹介職へ転職するのは難しかっただろう。

30歳以下社会人の希望職業生活コース（%）

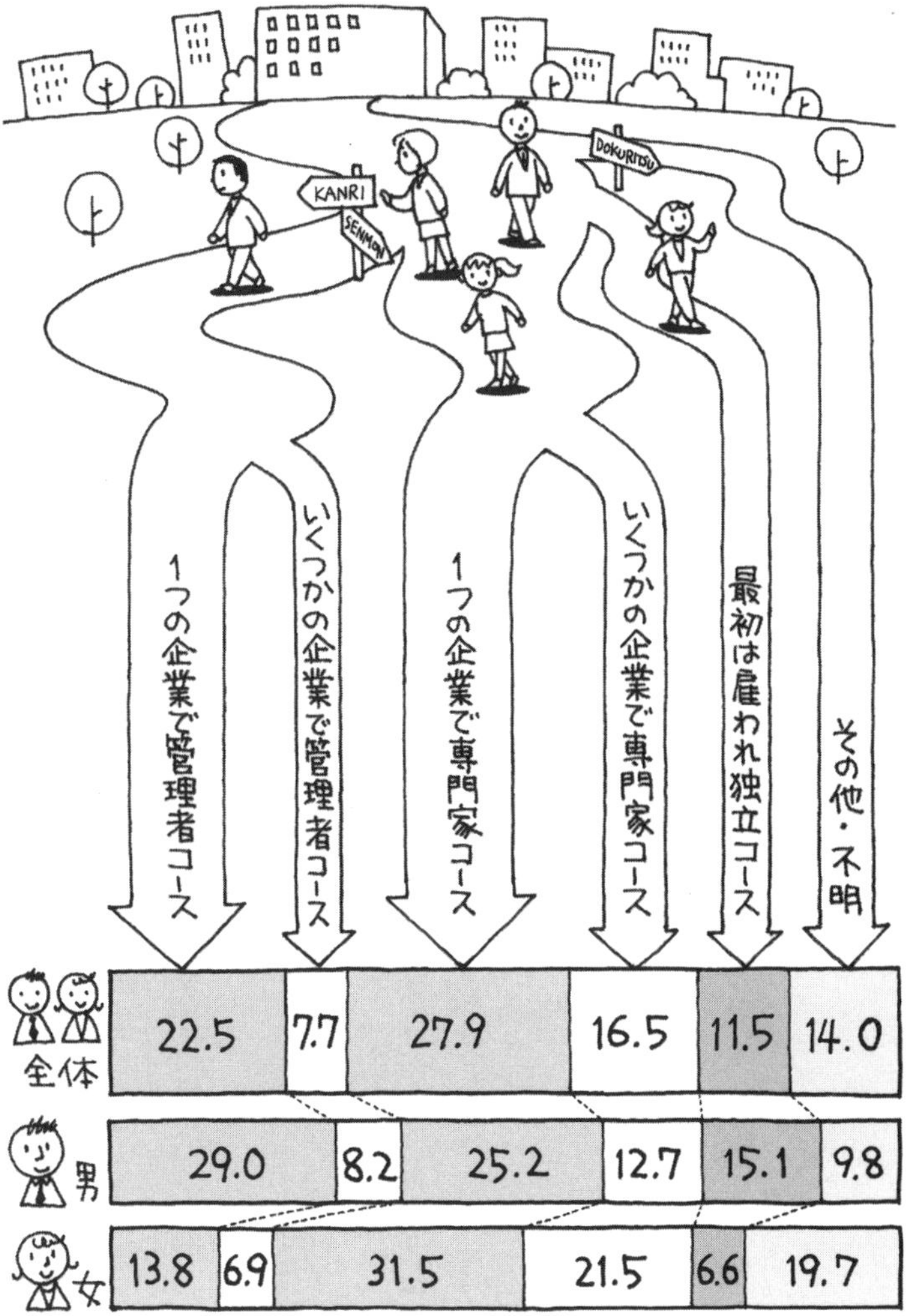

資料：労働省「平成10年度転職者総合実態調査」（平成11年）

自分の経験からいっても、初めての職種転換は、社内で行うのがベストだ。まず、一緒に働いていたことによって、自分の能力をじっくり評価してもらえる。履歴書や数回の面接だけでは伝えきれない、いいところをわかってもらえる。

それに、会社の内部事情や待遇面、残業時間といった細かな部分まで熟知しているから、転職してから、

「こんなはずではなかった」

と、後悔することがない。

また、他の企業からきた中途採用者は期待が先行されがちな存在だが、社内ならばそういうことはない。変なプレッシャーを感じずにすむわけだ。それに、上限年齢の壁がないことも大きなメリットだろう。

最近では、社内公募制度を取り入れる企業も増えている。社内にやりたい仕事があるなら、絶対チャレンジしてみるべきだ。

社内での職種転換にはデメリットがない。まずは、社内に「やりたい仕事」がないか、じっくり見回すといい。見つからなければ、そこで初めて他の会社にチャレンジすることを考えればいいのだ。

社内職種転換を成功させる具体的手順

社内公募制を取り入れている企業はいいが、そうではない企業で社内職種転換をするにはどうするか。私が実行した方法の具体的手順をここに記そう。

まず私は、異動を希望する部署の部長と関係を作った。といっても、大げさなことではなく、

「今度、飲みに連れていってください」

といったり、できるだけ昼食を共にするようにしたのだ。

また趣味がマージャンで同じだったので、誘われれば積極的に参加した。こういう機会を意図的に作るのである。プライベートな関係が築ければベストだ。仕事を離れたところで仲よくなると、いろいろなことが話しやすくなる。

そして関係作りができたら、

「部長の下で仕事をしてみたいんです」

と、自分を売り込む。

相談ごとをしてみるのもいい。部下に頼られるのは、うれしいものだ。絶対に悪い気は

しない。若い人は、かわいがられることが大切だ。自分を慕うかわいい部下と指示をきかない生意気な部下がいたら、同じことをしても評価はまったく違う。若い人ほど、他部署の上司との人間関係をうまく活用したほうが賢いと思う。

　また、どうしても上の人間との接点がなければ、希望する部の同僚に頼んで、自分が異動を希望している旨を上司に伝えてもらう。

　いずれにせよ、社内における人間関係をうまく保てる、また保つ努力をしているかによって、この作戦の成功率は変動する。仕事はできるけれど飲み会には全然参加しないような一匹狼は、どこの部署でも欲しがらない。一緒に働くなら、気持ちよく働ける人がいいのに決まっている。

　また、今の仕事で成果をあげることも大切だ。平均より上の成績をあげるようにしなければいけない。無能な人間を入れたら、部全体の成績が落ちるわけで、上司自身の評価にもかかってくる。優秀な人材でなければ入れたくないと思うのは当然だ。

　そして、「ぜひ君がほしい」といわせるには、自分が優秀な人材であると理解させなければならない。仕事が違っても教育すればできる人間だと思わせるには、今の仕事において手を抜かないことだ。同じ企業にいるということは、自分の能力を多角的に見てもらえるメリットがある。しかし逆をいうと、ごまかしがきかないということでもある。

結果として「今のところ、人はいらない」とか「君はこの仕事に向かない」と断わられることもある。それはそれで、しょうがない。他の会社へアプローチすればいい。「適性がない」と断わられても、あきらめる必要はない。その判断は上司の主観によって決められたもので、１００パーセント確実な答えではない。他の人が見たら答えは違うかもしれない。基本的に向いているかどうかは「好きか、嫌いか」で、「好き」だったら適性はあると考えるべきだ。

若いうちに明確な目的を見つけること、希望する部署の上司や同僚との人間関係をうまく築くこと、そして今の仕事が希望する仕事ではなくても、腐らずに一生懸命やれば、社内職種転換に失敗することは少ない。

意外な人があなたのヘッドハンターになる

営業など外部と接する機会の多い仕事は、引き抜きの声がかかりやすいと書いた。では、総務や経理といった、外部の人と接する機会の少ない職種は、異業種ヘッドハンティングのターゲットになれないのだろうか。

確かに仕事の場でというのは難しいかもしれない。しかし、それなら仕事以外の場でチャンスをつかめばいい。

そんなチャンスが転がっている場所のひとつに、異業種交流会がある。様々な職業に就いている人たちが、ひとつのテーマで集まり、交流を深める会だ。最近では、異業種交流会ではなく、フェアとか、フォーラムといった名称がつけられているものが一般的だ。参加者の年齢はバラバラで、女性も大勢いる。参加者の多くは30代や40代だが、「ベンチャーフェア」など、若くして会社を起こした人が講演をする場合は、20代の参加者が目立つ。

ここで気があうと、会がお開きになった後に、

「一杯飲みに行きましょうか」

ということになる。

連絡先を交換して交流会以外でも会うようになると、どんな性格で、どんな仕事をしていて、能力はどの程度なのかなど、お互いのことがわかってくる。

そして、その人が優秀で人柄的にもいい場合、

「うちの会社で一緒に働きませんか?」

と声をかけられることがよくある。

こういうケースで誘われるのは、30代や40代の人たちが多い。ある部門をまかされるとか、役員としてとか、けっこういい条件を提示される。

未経験の仕事で引き抜かれることもある。数回の面接や書類選考で採否が決まってしまう一般の採用形態と違って、長い時間をかけてつきあうため、人柄も含めた総合的な能力評価をしてもらえる。そのため、キャリアがなくても声をかけられる可能性が高くなるわけだ。

私も時々異業種交流会に参加するが、そこでヘッドハンティングすることもある。向上心をもった人材が集まる交流会には、高値で売れる人材が数多くいる。また、相談されて転職先を紹介した人も大勢いる。人材を求めている企業と関係を持つ場としても、活用している。

出会いの場は、他にもたくさんある。私は週に1度、スポーツクラブに通っているのだが、そこで知り合った方に仕事を紹介したこともある。地域のボランティア活動で知り合った人に、「うちの会社に転職しませんか」と誘われた人の話も聞いたことがある。

先日、登録にきた20代の女性は、ニュースを整理・採点し、コメントするサイトに、レビュアーとして参加していた。彼女はそのサイトの一読者だったが、「レビュアー募集」の告知を目にし、応募してみたという。レビュアーは、検索サイトの営業マンからＳＥ、編集者までさまざまな職種の人たちで構成されており、時折皆で飲むこともあるそうだが、「いろいろな世界をのぞけて、世界が広がりました」といっていた。

会社に入って数カ月は、新しい人間関係に楽しさを覚える。しかし、仕事に慣れてきた頃には、新しく知り合う人の数も減ってくる。結局、休日に遊ぶのは学生時代の友人という、人間関係がかたよっている若い人が多い。世界を広げてほしいのだ。給与や仕事について情報交換することで、一般的な給与水準や自分の仕事のレベルも把握できる。新しい人間関係の輪は、あなたの生き方をも新しくしてくれる。

「へえ、そんな仕事があるんだ。面白そうだな」

と、他業界の新しい仕事を知って、その仕事を目指すことを決めた人もいる。

このように、仕事以外の人間関係を広げることは、転職を有利にする以外にも意味がある。さまざまな業種の人たちと知り合うことは、新しい仕事のつながりを生む。自分とは違う分野で活躍している人の話は、新たな事業展開のヒントを手に入れられる場でもある。会社が新しい分野に進出しようと思っている時、その分野の人から情報を聞ける場は貴重だ。情報交換を通して、お互いにビジネス感覚を磨き、視野を広めることもできる。

どこでどんな出会いがあるかわからない。とにかくチャンスがある場所に顔を出すことだ。ただし、自分に力がなければ元も子もない。常に自分を磨いておくことは、忘れないでほしい。

異業種交流の場に積極的に参加しろ

もしも「異業種ヘッドハンティングのターゲットになりたい」という気持ちを持って参加するなら、次のような会や人を逆ターゲットにするといい。

まず、経営者層が集まりそうなセミナーや講演会、異業種交流会に積極的に参加する。ただし、中には参加者に年齢制限や職種条件を設けている会もあるので、事前に調べておく必要はある。

次は、「どんな人に声をかけるか」だ。あなたが20代の場合、同年代の人が一番声をかけやすいだろうが、「ヘッドハンティングされる」という目的には合わない。20代ではまだ社内での力を持っていないからだ。その人の一言に採用の決定権があるような、採用力のある人に近づくのが近道である。

年代としては、30代～40代が狙い目だ。しばらくの間つきあって、関係ができたら転職の相談をする。いくら転職が目的でも、いきなり相談をするのはまずい。人を紹介するということは、紹介する人の評価にもかかわる。変な人を紹介したら、紹介者の評価が下がってしまうので、どうしても慎重になる。それにキャリアのないあなたの魅力を相手に伝えるには時間が必要だ。

さて、相談相手が部長クラスの人だったら話は早い。平社員にかけあうより、トップにかけあったほうが話は早いのは当然だ。ただ、そうではなくても、

「あなたが働いている業界で仕事がしたいんですけど……」

と、相談した時に、

「うちの会社で採用される可能性があるかもしれないから、部長に聞いてみるよ」

と、かけあってくれる可能性がある。

30代や40代ならば社内でそこその力はあるし、部長クラスの人間ともそういう話が気楽にできるからだ。それに、50代や60代ほど歳が離れていないため話しやすい。20代の人だけではなくて、30代や40代の人も、この年代が狙い目だ。

知らない業界や仕事に就こうとするとき、現場の生の情報が手に入る異業種交流の場は、貴重な情報収集の場でもある。現在の求人のニーズから、その業界や仕事の将来性、給与水準など、その業界や、その仕事に就いていなければわからないことはたくさんある。イメージと現実は、往々にして違うものだ。

こういった会などに参加して人脈を広げておくことは、採用に直結しなくても、転職で成功するために大きな意味を持つ場所なのである。

上司が嫌なら早目に転職を考えろ

①気の合う人と、面白くない仕事をする
②気の合わない人と、面白い仕事をする
あなたなら、どちらを選ぶだろうか。
①を選んだ人に、その理由を聞いたことがある。
「気の合う人たちとは、自由に意見を出しあう環境が簡単に作れる。そうすれば、仕事を〝面白くする〟ことができる」

なるほど、と思った。

社内で職種転換をする場合、まず希望する部署の上司と仲よくなれ、と前に書いた。ただ、その上司が嫌なやつだったらどうするか。

「あの人の下で働くのはちょっと……」

と思うなら、別の会社を探したほうがいい。幸せな仕事を手に入れるためにしたことで出社拒否症になったら、元も子もない。

それに、上司の能力の有無はあなたの今後にもかかわってくる。

「ビジネスマン生活で成功するかどうかは、入社した時の上司と、管理職になった時の上司がどんな人間であるかで決まる」

といった人がいる。社会人になった時に、仕事のしかたを教えてくれるのは、直属の上司だ。この人に能力がなかったら、仕事のしかたが的外れなものになってしまう。管理職についた時も同じだ。人を管理する仕事は、それまでの自分の仕事だけをこなしていればよかったのとは違う。教えてもらわなければならないことが多い。

それなのに、学ぶことも教えられることもない上司では、間違ったことを学んでしまう。その分ビジネスマン生活を遠回りすることになりかねないし、そうしているうちに、その仕事の本当の面白みを見失ってしまうこともある。

ただ、社内での職種転換にはうま味がたくさんあることは、忘れないでほしい。何とか我慢できるなら、我慢したほうが得策だ。

「経験を積むために2年だけがんばろう。2年後には会社を変えればいい」

期間限定だと思えば、我慢できるものだ。何なら学校だと思えばいい。数年後には必ず卒業できる。いつまでもつらい状況が続くわけではない。性格の悪い上司の相手をするのも、「人間関係のトレーニングだ」と思えばいい。それに、嫌な上司は数カ月後には異動になって、いなくなるかもしれない。

自分は何に耐えられて、何が耐えられないのか、何が一番大切なのかをよく考えて行動してほしい。

好きなことで「飯を食う」ためにしておくこと

「やりたいこと」と「できること」は違う。しかし、若い人の中には、それが一緒になっている人が大勢いる。夢を仕事にしようと思うなら、シビアに見なければいけない。そこで、その判断項目を以下に並べてみた。

①明確なキャリアプランがある。また、年に1度は職務経歴書を書いてキャリアの棚卸しをしている

何をやりたいのか、3年後にはどうなっていたいか。そして、その実現のために何をしてきたか。また、自分は何ができるのかを客観的に判断できる。

②常に情報を集めている

転職には運もある。常に新しい仕事についての情報を、手に入れておくことが重要だ。

③今の仕事に真剣に取り組み、実績を上げている

成績が上がらないことを他人のせいにする人は成功しない。職種は異なっても、その仕事の中でどれだけの実績を上げてきたかは、評価のポイントになる。与えられた仕事を満足にこなせない人よりも、不向きではあってもそれなりのことをしてきた人に、好きな仕事をやらせたほうが大きく伸びると考えるのが自然だ。

④人とのつながりを大事にしている

最終的には自分なのだが、情報交換できたり、気持ち的に支えあえる仲間との人間関係を築けることが、成功には重要だ。

そして一番大切なのは、

⑤「やるからには成功させる」という強い意志がある

ということだ。

若いうちにやりたいことを見つけてチャレンジすることには、大きな意味がある。成功すれば、大きな幸せを手に入れられる。逆に、だめでも一生懸命取り組めば諦めがつくし、やり直しもきくからだ。

35歳を過ぎて「本当はこういう仕事をしたかったのに」では悔いが残る。上記の5項目をクリアできたら、ぜひ「やりたいこと」に挑戦してほしい。

2章●キャリアに負けない能力を知る

企業が評価し欲しがる人材の中身

求人のある資格、努力とお金が無駄になる資格

新聞に折り込まれた通信教育のチラシには、「就職・転職の武器になる」「将来性抜群」「プロとして活躍できる技能」といったキャッチコピーが並ぶ。憧れの仕事との距離が遠ければ遠いほど、今の仕事に悩みが多ければ多いほど、こういったキャッチコピーは心に響く。勉強さえすれば転職できるならやってみようか、という気分になる。だが、もちろん現実は甘くない。

数年前、ある大手化学品メーカーで研究開発の仕事をしていた35歳の男性が、

「経理職に転職したい」

と、やってきた。彼は働きながら、ＣＰＡ（米国公認会計士）の資格を取った。そこで思いきって転職したいという。だが私は、彼にこう答えるしかなかった。

「残念ですが、ご紹介できる企業はありません」

彼は、13年間技術畑でキャリアを積んできた人で、経理についてのキャリアはゼロだった。実務経験のない35歳を、いくらＣＰＡを持っているからといって採用する企業はない。彼が20代だったら話は別だ。いくらでも転職先はあっただろうし、彼の能力からみても、

ＣＰＡに20代で合格することはできたはずだ。

「もう少し決断が早ければ……」

と、本当にもったいなく思った。

資格そのものに価値はない。資格の市場価値は、キャリアとの組合わせによって、年齢によって、企業によって、仕事の中身によって違う。資格にキャリアや年齢を合わせてはじきだされる「合計金額」を、企業は評価する。今の自分の値段を上げる資格は何か、それを取得する努力や、かかる費用にみあう価値があるのかを見極めてから、勉強を始めなければ損をすることになる。

では、自分にあった資格はどう見つければいいのか。それは、求人雑誌を見ればいい。未経験で、自分の年齢で、この資格を持った人を求めている企業がどれだけあるのか。ひとつもないようでは、その資格の市場価値はかなり低い。

あとは、資格の予備校に、どれだけ求人がきているのかを尋ねる方法もある。専門学校だったら「中途採用で、自分くらいの年齢で、どれだけ転職に成功したか」を先輩に聞く。

人材紹介会社に登録して、キャリアアドバイザーに相談するという手もある。登録者は、まず最初にキャリア診断を受ける。現在の自分の値段を知ると同時に、この能力を伸ばしたり、この資格をとれば、ステップアップの可能性はさらに広がりますよ、とアドバイスがもらえる。昔からあるとか、一般的に広く知られていても、信用してはいけない。たとえば、女性に人気のある秘書検定は、私の知る限りでは、まったく評価されていない。

また、人事関係の実務経験を積み、社会保険労務士の資格を取って独立を考える人もいるようだが、正直いって難しいのが現状だ。そして転職市場において、社会保険労務士の資格にはほとんど価値がない。

中小企業診断士は、経営コンサルタントに関する唯一の資格だが、世界トップクラスのコンサルティング会社で活躍している人たちで、この資格を持っている人はほとんどいない。

もちろん、資格に価値がないというわけではない。やる気や努力を表す証拠になる。また、仕事ができるうえにTOEIC750点以上というのではあれば、資格の評価は高い。経理の実務経験のある人が、税理士試験の2課目に合格しているという場合も、資格は、その人の値段を跳ね上げる。

求人があると断言できる資格もある。弁理士がそれだ。ビジネスモデル特許のムーブメントをきっかけに、社会的ニーズが急上昇している。特にIT関連企業からの求人が多い。人脈と営業力があれば、独立も可能である。弁護士、公認会計士、税理士といった難関資格も、時代に関係なく求人は多く、待遇もよい。

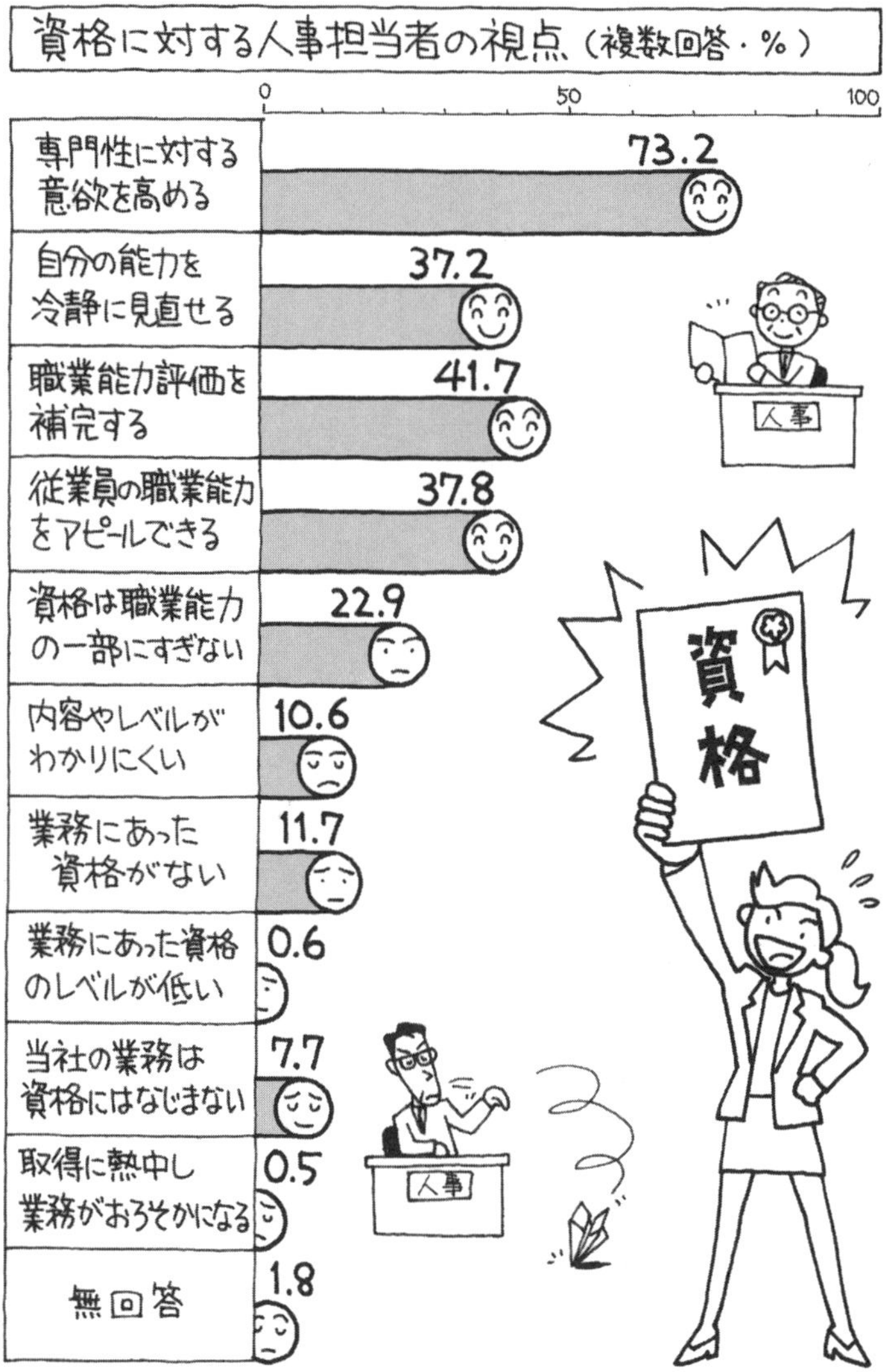

資料：日本労働研究機構「職業能力評価および資格の役割に関する調査」（平成11年）

応募条件にＴＯＥＩＣの点数を表示する企業も、ここ数年で一気に増えた。数字という客観的な基準が、求人広告と相性がいいのだろう。ＣＰＡやＭＢＡといった国際資格の名前が求人広告に頻繁に登場するようになったのも、ここ数年のことだ。

だが、資格を持っていることイコール豊かなスペシャリティや、人より優れた専門性を表す材料にはならないことは、認識すべきである。

無駄な努力はしないに限る。スペシャリティやスキルといった言葉が氾濫し、専門性がなければだめだと叫ばれると、目に見えるものとして、資格がほしくなるのは当然だ。しかし、資格と専門性には、ほとんど関係がないのである。やみくもに資格、資格と騒ぐのではなく、求人のある資格を見極めることから始めていただきたい。

職種チェンジには〝適齢期〟がある

職種転換には適齢期がある。新たな仕事にチャレンジできるリミットは28歳だ。これを過ぎると、新しい仕事へのチャレンジが一気に難しくなる。30歳になる前に、次の仕事に就いていることがポイントだ。

28歳から30歳の間にどんな仕事をして、どんなことを吸収したかは、その後のビジネスライフに、大きく響いてくる。私は、この大事な時期を無駄遣いしてほしくない。若い人は、自分の年代の重要性を教えてくれる年輩者が身近にいない。そのために間違った選択をする人が大勢いて、もどかしい思いをしていた。

「司法試験を10年間受けていました」

という30代半ばの人が、相談にきたことがある。

ふらふら遊んでたわけではない。一生懸命勉強していたのだから、真面目な人である。彼らは合格ラインに近いところで落ちたから何度も挑戦するのであって、優秀な人たちでもある。しかし、彼らにいい仕事は紹介できない。

試験というのは、若い人の脳機能にあったレベルで作られている。歳をとればとるほど合格からは遠のいていく。それに、試験には運や適性というものもあって、東大を首席で卒業した人が、１００パーセント司法試験に合格できるわけではない。

28歳までに方向転換を済ませば、企業はあなたのやる気やチャレンジ精神を評価してくれることもある。しかし、これが1、2年遅れると致命傷になる。

挑戦する努力が評価の対象になるのは、3度目の挑戦までだ。それ以上になると、

「そんなに何度も挑戦しても合格できなかったのか（そんなに無能な人間なのか）」

と、マイナス評価を下される。

才能の有無は、3年もやっていれば自分でわかる。あと少し頑張ればと思っても、3年で芽が出ない人には、ほとんどそのチャンスは回ってこない。

求めていた夢がつかめなかったとしても、人生はこれから何十年も続いていく。今のあなたが知らないだけで、他にもっと面白くて、あなたの才能を生かせる仕事はあるはずだ。その仕事に就くチャンスすら失ってしまうのは、あまりにももったいない。夢を追うなら3年間、そして28歳までだ。

同僚は自分専用の人材紹介会社と思え

社員のほとんどが、コネ入社という企業がある。会社の形態や方向性が変わりやすい若い会社や、業界内の転職率が高いネット業界や出版業界に多い採用スタイルだ。

「数回の面接だけで見えるところは限られている。それに、職務経歴書や履歴書は、大げさに書こうと思えば、いくらでも嘘が書ける。そんな判断材料より、元同僚など、その人を知っている人からの情報のほうが確か。3ヶ月一緒に働けば、仕事に対する姿勢や実力がわかる」

というのが、コネ採用を行う企業のいい分だ。

確かに、人の評判は信頼できる人に聞くのが一番だ。裏付けもとれ、仕事の中身もわかり、安心して採用できる。

声をかけられるほうにも、メリットは多い。間に信頼できる知人がいれば、「この人が勧めるのであれば、悪い話ではないだろう」と、安心して決められるからだ。

そして、こうしたコネ転職の声がかかる人には、共通点がある。それは、人間関係能力に優れ、人脈を築くのがうまいという点だ。

たとえば、取引先での評判がいい人は、担当者だけではなく、その部署の上司や部下、同僚にも心配りをしている。担当者とだけ仲よくなっても、その人はいつ異動になるかわからない。

また、自分より年下の入社したばかりの社員との関係も、大切にしている。その人がいずれは権力を握ることになるかもしれないからだ。もちろん、今現在の権力を握る上司とも、名刺を交わしただけの関係にならないよう注意を怠らない。

そして彼らは、仕事のつながりであれ、プライベートな関係であれ、周囲の人たちと打算のない信頼関係を築くことができる。人を紹介するということは、紹介者の評価にもかかわる。そのため、信頼できる人であることが第1条件だ。

コネ転職のチャンスは、仕事がらみだけではなく、利害関係がない友達からもたらされることも多い。利害関係のない人間関係は、その人の本音が出やすい。一緒に酒を飲んだり、遊んだりする場で交わす会話は、その人の人柄や、仕事に対する姿勢を赤裸々にさらけだす。そこで打算が見えたら、「一緒に働きたい」とは思わない。

1998年の労働省「雇用動向調査」によれば、「何を利用して就職口を探したか?」という問いに対し、回答者の28パーセントが縁故と答えている。さらに、コネの力は年齢が上がるにつれて大きくなる。この問いへの「年齢別」の回答は、20〜24歳では、広告34パーセント、縁故22パーセントだが、55〜59歳では、縁故36パーセント、広告27パーセントと、縁故が最も高くなる。

コネの価値は、データが示す通りだ。特に30歳をすぎたら、コネは意識的に築いていく必要がある。

私が未経験者を積極採用した理由

証券会社の営業マンを、我が社の人材アドバイザーとしてスカウトしたことがある。当社の社員の何人かは、営業にきた人や、登録にきた人だ。付け加えるならば、彼らはみな、

キャリアやスキルよりも大切なものもある

未経験者だった。

私が彼らに声をかけた理由は3つある。第1に、人として信頼できる感じがしたことだ。人材アドバイザーという仕事は、登録者の個人情報を聞き出さなければならないため、安心して秘密を話せる人でなければならない。

たとえば、もともとは営業マンだったひとりは、私に無理矢理商品を売りつけようとはせず、常に誠実であろうとした。目先の利益だけを追うようなこともしなかった。私に経済や税務に関する情報を、こまめに提供してくれたりもした。それらは直接利益につながる情報ではなかったが、経営判断や投資する際の判断材料として役立った。

大勢の営業マンが私のもとへやってきたが、彼のように好感の持てる営業マンはいなかった。彼なら信頼できると思った。

かといって、弱気な営業だったわけではなく、交渉力もあった。企業に登録者の魅力をきちんと伝え、企業サイドの条件と多少合わなくても面接にまで持っていく交渉力は、この仕事に不可欠な能力だ。これが、彼に声をかけた第2の理由である。

そして、何よりも彼らは仕事に熱心に取り組んでいた。その姿を見て、一緒に働きたいと思ったのである。

これらの条件は、人材アドバイザーという仕事だけで評価の高い能力ではない。どんな仕事においても、企業がほしがる人材の条件だ。だから私は、企業を紹介する前に、「うちで働かないか」と声をかけたのである。そうしないと、彼らはすぐに決まってしまうからだ。

専門能力だのスペシャリティだのと騒いでも、結局ビジネスは、人と人とのつながりであり、人を採るのも、また人である。

経験の有無に関わりなく、「この人と一緒に働きたい」と思わせる人間的魅力が一番の強みになるのは、当然のことなのかもしれない。

失敗しない「自分の値段」の計算方法

自分のキャリア・レベルが、社会一般の基準からいうと、どのくらいの位置にあるのか、なかなか自分ではわからない。

同じような仕事をしている同年代の知り合いで、最近転職した人がいれば、その人と比べて、自分のレベルがわかるだろう。あとは、同じ部署に配属された同期がいれば、自分の仕事のレベルがわかる。ただ、それは社内だけの話で、社会的レベルではどうなのかは、はっきりしない。

そういう時は、インターネットの人材紹介会社のサイトをチェックするといい。新聞の求人広告と違って、そこにある求人スペック（求人票）には、次のような形で、仕事の中身が具体的に書いてある。

「開発購買・機構部品担当マネジャー（外資系大手パソコンメーカー）の求人スペック」

【職務内容】

・現在のパソコンの機構部品サプライヤー（キーパッド、樹脂・金属成形）の指導、管理

・機構部品サプライヤーとの価格交渉、定期的なビジネス関連打ち合わせ
・パソコン用の機構部品の市場、業界動向（新技術、価格トレンド、需給量）分析
・新規サプライヤーの開拓及び開発

【要求する能力、経験】
・機構部品（キーパッド、樹脂・金属成形）に関する、専門技術の知識（技術、製造プロセス）
・英語（ＴＯＥＩＣ７００点）、簡単な通訳、翻訳ができること
・コミュニケーション能力（社内外）
・機構部品（キーパッド、樹脂・金属成形）の開発、製造に携わったことのある人、あるいは、海外営業・マーケティング、購買経験のある人

【年齢】
・30～35歳前後

【年収】
７００～８５０万円

まずは、年収や職種、年齢が近い求人スペックを探す。そして、そこにある仕事の中身

や要求される能力を読んでみる。それが今の自分の仕事よりレベルが高い内容だったら、自分は〝給料ドロボー〟だということになるし、逆ならもっと高い年収が狙える能力の持ち主だということになる。

人材紹介会社のホームページのキャリア査定を利用するのもいい。よく転職雑誌で特集されている。ヘッドハンターが転職希望者と面談し、職務経歴書や履歴書を見て、その人の市場価値を測定する、あのキャリア査定がウェブ上で、しかも無料でできる。私も雑誌で何度か担当したことあるが、毎回、編集部への申込者数がすごかった。

インターネットの普及で、自分の市場価値査定は簡単になった。自分の市場価値を知っておくことが、当然の時代になったのである。

「年収1000万円+取締役」の高値がついた企画力

26歳で引き抜かれ、翌年には取締役になった営業マンを知っている。彼は大学卒業後、証券会社に2年勤めると、コンサルティング会社に転職した。ベンチャー企業のフランチャイズ展開支援を主としたコンサルティング業務を担当し、ベンチャーキャピタルの投資案件発掘や投資後の支援、事業プレゼンテーション・イベントの企画運営など、普通の26

歳には任されないような仕事を担った。

そんなある日、今の会社の社長と出会う。そこは、彼の担当する顧客のひとつだった。彼は優秀なコンサルタントであり、アドバイスは常に的確で、提案はいい成果をあげていた。マネジメント能力に加え、新しい仕事を作りあげていく能力も高かった。社長は彼を気に入り、

「年収は１０００万円出す。１年後には役員にする。だから、うちにこないか」

と、破格の条件で彼を引き抜いた。彼はこの時、26歳だった。

コンサルタントという仕事は、企業のトップと折衝する機会が多い。また、顧客は中小企業であることが多いため、採用権を握る社長に気に入られて、引き抜かれることがよくある。しかも、経営に関する重要な仕事を任され、いいポストと待遇を提供されることが多い。

もちろん、コンサルタントがみな引き抜きの対象になるわけではない。コンサルタントというと、一般的には経営コンサルタントを指すが、実績を出せなければ、これほど専門性がなく、つぶしのきかない職種はない。

彼は今の会社で、事業計画の立案から資金調達に関する交渉までを担っている。新規事業の提案や、営業活動も欠かさない。Ｗｅｂビジネスの企画を実現させ、利益もあげてい

る。

元のとれない企画は、企画として成立しない。単にアイデアを出すだけではなく、ネットなどを使って「利益を生み出す」仕組みを作れる人材は、どの業界でもニーズが高い。プロジェクト・マネジャー経験者の人気が高いのは、このためである。ビジネスの仕組み作りができるということで、活躍が期待されているからだ。

現在では、どの企業も少数精鋭化が進んでおり、経営的発想や独創的企画力のある人材が求められている。経営的な企画を提案した経験があれば、それを売り込んでもいい。経験がなくても、評価の対象になる。

職種に関係なく評価の高い能力としては、問題発見力も挙げられる。事業は計画通りに進まないことが多く、当初の計画より利益が低かった、ということはよくある。問題が起きた時にその原因をつきとめ、改善案を提示できる人材は、業界や職種を問わず評価が高い。たとえば、あなたに人事のキャリアがあり、

「これまでの年功序列という人事制度は、社員の意欲を下げていた。人材に対する平等感を出すために成果主義を提案した」

といったエピソードがあれば、ぜひ職務経歴書に盛り込んでおくべきだ。

年代によっても、評価の高い能力は変わる。自分の年代で評価の高い能力が目立つよう

に、職務経歴書を作ることも大切だ。

20代前半で企業の評価の高い能力とは

20代前半の段階では、責任のある仕事を任されている人は少ない。そのため、社会人としてのマナーや積極性、ポテンシャルといった、専門能力以外のものが評価の対象になる。今の魅力ではなく、将来の可能性に賭けるというわけだ。

もちろん、それまでのキャリアが無視されるわけではない。ポテンシャルは、これまでの仕事の中身の濃さから判断される。2、3年という短い期間であっても、そこでどれだけの成果を残したかがポイントになる。

その他の能力で評価が高いのは、

●積極性
●協調性
●プレゼンテーション力
●自己啓発

である。特に、仕事についての勉強をしているとか、語学を勉強しているといった自己

職種別「仕事ができる人」の条件（複数回答・％）

事務系

順位	条件	％
No.1	定型業務の処理能力	86.8
No.2	担当業務に関する専門的知識・技能	65.8
No.3	関連・全社業務の広い知識・技能	39.9
4	業務や企画をわかりやすく伝える	36.8
5	達成意欲・チャレンジ精神	36.0
6	トラブルに対処する能力	35.8
7	一連の仕事を組み立てられる能力	34.4
8	相手の信頼を得る能力	32.6
9	対立意見や物事をまとめる調整能力	29.7
⋮		

営業系

順位	条件	％
No.1	達成意欲・チャレンジ精神	65.1
No.2	相手の信頼を得る能力	63.1
No.3	トラブルに対処する能力	54.7
4	担当業務に関する専門的知識・技能	47.4
5	関連・全社業務の広い知識・技能	40.4
6	定型業務の処理能力	33.9
7	業務方針や目標を設定する能力	31.4
8	業務や企画をわかりやすく伝える	28.9
9	対立意見や物事をまとめる調整能力	27.5
⋮		

技術系

順位	条件	％
No.1	担当業務に関する専門的知識・技能	64.9
No.2	達成意欲・チャレンジ精神	42.8
No.3	全く新しいものを創り出す能力	38.5
No.3	定型業務の処理能力	38.5
5	新企画の立案能力	34.3
6	一連の仕事を組み立てられる能力	34.2
7	トラブルに対処する能力	29.7
8	相手の信頼を得る能力	25.8
⋮		

現業系

順位	条件	％
No.1	定型業務の処理能力	57.4
No.2	担当業務に関する専門的知識・技能	45.8
No.3	達成意欲・チャレンジ精神	39.4
4	トラブルに対処する能力	29.9
5	相手の信頼を得る能力	25.4
6	一連の仕事を組み立てられる能力	23.6
7	人を指導する能力	20.8
⋮		

資料：日本労働研究機構「職業能力評価および資格の役割に関する調査」（平成11年）

啓発は、若い時ほど評価が高い。

「自分の考えを、相手に正確に伝える」プレゼンテーション力も重要だ。社内においても社外においても、この能力を求められる場は多い。どんなに素晴らしいアイデアを思いついても、それを説明し、顧客や上司に理解させることができなければ、意味がない。

また、いいプレゼンテーションをするなら、相手が抱えている問題を分析しなければいけない。つまり、問題発見能力を試される場でもあるのだ。

自己啓発をアピールするのは簡単だ。職務経歴書に、自己啓発の欄を設けてしまえばいい。プレゼンテーション力は職務経歴書の書き方で、ある程度は伝わるものだ。取り組んでいる課題に対して起こしたアクションを書けば、積極性をアピールできる。協調性は、アピールの表現が文章になってしまうので、面接でアピールしてほしい。応募書類に書くのは、基本的には項目のみにすべきだ。だらだらと文章が続く職務経歴書は、だらしない印象を与える。

面接は職務経歴書をベースにして行われる。ということは、企業の評価が高い能力を目立たせた職務経歴書を作れば、面接も突破できる可能性が高まるということだ。年代によって求められる能力は違う。自分に求められる能力を知り、それを効率的にアピールした職務経歴書を作成してほしい。

25歳を過ぎたらプライオリティーで勝負をかける

20代も後半になると、部下ができる。そして、スタッフを使っての共同作業など、マネジメント業務が増えてくる。歳をかさねるごとに、仕事の処理範囲は増え、問題に直面する場も増える。それらを乗り越える、体力および精神的タフさ（忍耐力）も大切だ。マネジメント力は、どんな職種にも共通して評価が高い。役職や部下の数だけではなく、業務の責任範囲を書くことで、アピール度の高い職務経歴書が完成する。たとえば、ゲーム会社のプロデューサー職は、個性的な集団をまとめた証であり、チームリーダーとして迎えられる場合には、大いに歓迎される。

しかし、この年代で評価が高いのは、何といっても判断力の高い人材である。今は、耐えるべき時なのか、それとも打って出るチャンスなのか、状況を的確に判断する力だ。判断力は、プライオリティー（仕事に優先順位をつけ、効率的に動くこと）といいかえてもいい。同じ労力を使っても、手をつける順番を間違えれば、結果に大きな差が出る。場合によっては、その労力が無駄になることもある。

プライオリティーの高さを伝えるのは、面接において、

「仕事上の成功談や失敗談を聞かせてください」

という質問に答える時だ。

成功談を話す時に、仕事が成功するまでの自分の行動を「なぜその順番で行動したのか」を、理由を交えながら説明する。あるいは「最終的に自分が選んだ方法の他にも、いくつかの選択枝があり、自分はこういう理由で、この方法を選んだ」というエピソードを伝えることで、プライオリティーの高さは伝わるはずだ。

また、失敗を取り返した例を話すのも効果的である。ビジネスには、成功よりもトラブルや失敗のほうが多い。そういう場面において適切な処理ができる人材こそ、企業が求める人材である。

あなたは「要英語力」を誤解している

「要英語力」と書かれている求人広告に、応募する勇気はない。仕事として英語を使わなければいけないなんて、とうてい自分には無理だと思っている人がいる。

しかし、企業が英語力を求める傾向は、年々強くなっている。人事担当者と採用に関する話をすると、必ずといって「英語力のある人材がほしい」という声が上がる。

話せるようになれば、仕事の幅が広がることはわかっている。しかし、重い腰は上がらない。そして、英語がしゃべれない自分みたいな人間には、いい仕事なんて無理なのかと、暗い気持ちになる。そんな英語恐怖症の人たちに、私はいいたい。

「『要英語力』を勘違いしていませんか？」

と。私の会社は、外資系企業からの求人依頼が多く、「要英語力」という求人に接することが多い。一方、登録者の中には英語恐怖症の人がいる。そんな彼らの相談にのっているうちに、私はあることに気づいた。「英語は苦手だ」という人ほど、企業が求める英語力のレベルを実際より高めに見積もる傾向があるのだ。

仕事をする上で求められる英語力のレベルは、業種や職種によって異なる。社員全員が高い英語力を求められているわけではない。外資系でも「英語力はいりません」という企業もある。

そこで、外資系企業で求められる英語力のレベルを、職種ごとの表にした（89ページ）。参考にしていただきたい。ただし、これはあくまでも目安であって、業種や外国人スタッフの数等によって、求められるレベルには差がある。

企業はたいていＴＯＥＩＣの点数で要英語力を示すが、そのレベルは５００～９００点程度と幅がある。いや、０～９００点というほうが正確だろうか。外資系企業でも、古くから日本に進出している企業では、英語力を求めない場合がある。社員がみな日本人だからだ。英語力よりも仕事ができる人を欲しがっている。逆に、日本に参入したばかりの外資系企業は、一緒に働く社員は外国人ばかりだ。そのため、営業職でも８００点レベルと、高い英語力を求められるケースがある。

英語力を求める傾向は、日本企業でも広がっている。日立製作所は「管理職はＴＯＥＩＣ８００点をクリアすること」と発表した。ビジネスの場を世界に広げるためには、管理職がこの程度の英語力を持っていなければダメだと判断した結果だ。

最近では、国外企業と合併する日本の大手企業も多い。これは、その下請け企業にも、マーケットを世界へ広げるチャンスが巡ってきたということである。たとえば、自動車メーカーに部品を納入していた、社員50人の町工場があったとする。そこは、高い技術力を持っていた。その場合、その町工場に英語ができる人材がいれば、合併先の世界トップ企業へ部品を売り込むことができる。

しかし、日本ではまだ英語力が必須条件ではない企業が多い。これは裏返せば、少しでも英語ができれば、高い評価が得られたり、大きな仕事を任されるチャンスも高くなるということでもある。

外資系企業で求められる英語力とTOEICの点数

20代

営　　業	500
経理・財務	600
人　　事	600
法　　務	700
コンサルタント	600
マーケティング、広報・PR	650
金融関連職	700
SE、プログラマ、セールスエンジニア	550
開発・設計	650

30代

営　　業	600
経理・財務	700
人　　事	700
法　　務	800
コンサルタント	700
マーケティング、広報・PR	750
金融関連職	800
SE、プログラマ、セールスエンジニア	650
開発・設計	750

40代（管理職）

営　　業	700
経理・財務	800
人　　事	800
法　　務	850
コンサルタント	850
マーケティング、広報・PR	850
金融関連職	850
SE、プログラマ、セールスエンジニア	750
開発・設計	800

特に要英語力と掲げていない業界や職種を目指している人は、とりあえず６００点を目標にするといい。求人スペックに記されている英語力は、６００点以上というものがほとんどだからだ。また、仕事で英語を使う機会がなくても勉強している人は増えていて、彼らは、いい条件の就職先を手に入れている。

ちなみに英語に関する試験は、ＴＯＥＩＣ以外に受ける必要はない。企業側がその資格がどの程度の英語力を表すのかわからないと、評価の基準にできないからだ。

ＴＯＥＩＣは、リスニングとリーディングの問題を、マークシート方式で解答するテストだ。試験内容の８割以上がビジネスの現場で使われる表現で占められているため、ＴＯＥＩＣの勉強をすることは、ビジネスで使える英語を学ぶことにもなる。

ただ、求められる英語力が基準点に満たなくても、あきらめないでほしい。企業が求めているのは仕事ができる人間であって、英語が話せる人間ではない。たりない英語力をカバーできる実務経験があるなら、採用される可能性は十分ある。

必要以上に高いレベルまで達しないといけないと思うから、「要英語力」が恐いのだ。就きたい仕事で求められるレベルさえクリアできれば十分である。

実は、私は英語が苦手だ。日常会話程度なら何とかなるが、ビジネスで通用するレベルではない。そしてその結果、

「英語ができれば、もっと大きな仕事ができたのに……」

と、チャンスを逃した経験も少なくない。

あと10年もすれば、英語力は現在のパソコンの位置にきているだろう。つまり、標準装備ということだ。人材市場の現状と未来が見えているからこそ、悔しい思いもたくさんしてきているからこそ、私は「大変でしょうが、英語力を身につけてください」と、いいたいのである。

営業系職種が「現場で使う英語」の中身

営業職は、企業ごとに、求められる英語力がまったく異なる。ゼロでもいいという企業から、ＴＯＥＩＣで６００点は必要という企業までいろいろだ。

外資系や輸入品を扱う日本企業など、海外にある企業との交渉やトラブルを、自分で解決しなければならない環境や立場にいる場合は、海外にある販売会社に問い合わせたり、英語で書かれたマニュアルを読んだりしなければならない。ただ、そういう部分を担当する社員がいる企業もある。それなら、特に英語力は必要ない。

また、前にも書いたように、古くから日本に根を下ろしている企業ならば、社員が日本人ばかりなので、英語力より営業力が欲しいということになる。逆に社長が外国人で社員は10名などという、日本に来たばかりの外資系なら、コミュニケーションをとるために、若い人でも高い英語力が必要になる。

海外へ買い付けに行くバイヤーは、現地に代理店や買い付け先が既にあり、新規開拓する必要がなければ、７５０点程度で通用する。契約交渉をする必要があれば、より高度な英語力が求められる。

同様に、日本企業の海外営業職も、現地に販売代理店があれば、ある程度の交渉は任せられるので、７５０点程度でこなせる。顧客と直接交渉を強いられるポジションなら、プラス１００点は必要だ。

ＴＯＥＩＣの点数で、必要な英語力を表している求人広告がある。しかし、それだけでは、任される仕事の中身はわかりづらい。実際にどんな仕事をするのか、レベルを3段階に分けてみよう。

英語力のレベルは、ＴＯＥＩＣ７３０点以下、７３０～８６０点、８６０～９９０点の3段階に分けられる。

ＴＯＥＩＣ７３０点以下とは、「英語に対して抵抗がない人」というレベルだ。仕事で英語を使う機会があれば、すぐに伸びる可能性を持った、基礎能力のある人という意味である。「英語できる方優遇」と書かれた求人も、このレベルに入る。

英語を使うのは、もっぱら社内だ。英語を使って顧客と接する機会はほとんどない。社内文書やメールが英語だったり、外国人スタッフと一緒に仕事をする機会があるという程度だ。

基本的な読み書きができ、何とか会話もこなせるという程度で通用する。ただし、これから英語力に磨きをかけたいという姿勢があることは重要になる。外資系企業が、このレベルを提示することが多い。

７３０～８６０点は、「ひとりで海外出張に行ける」レベルになる。交渉や契約、クレーム処理などを英語でこなすなど、仕事の中身が大きくレベルアップする。読み書きだけではなく、相当な会話力が求められる。

このランクになると、顧客は外国人や外国企業であることが多い。そのため、英語で相手を説得するコミュニケーション能力や、その職種での豊富な経験も求められる。

外資系企業のマネジャークラスになると、８６０～９９０点レベルが要求される。国際会議に出席することも多い。もちろん、主張やプレゼンテーションは英語でしなければならない。英語力のレベルが上がるほど、やりがいがあって給料も高い仕事になることは、いうまでもない。

事務系職種が「現場で使う英語」の中身

経理・財務職や人事関係の仕事は、本社との密接な関わりがあり、レポートする機会が多い。そのため、英文を書く力が必要になる。ただ、マネジャークラスでなければ、英語にアレルギーがないというレベルで大丈夫だ。経理・財務職の場合は、勘定項目などの専門用語が頭に入っていれば、業務はこなせる。

人事職は、本国に提出する採用関係の資料が英語で書かれている。ただ、採用の決定権が本国にある場合、採用予定者に関するより細かなリポートが必要になるため、７５０点レベルの英語力が求められることもある。

法務もまた、非常に本国との折衝が多いセクションだ。海外の企業と提携を結ぶ場合、契約書や資料はすべて英語である。提携先企業の国の法律や文化的背景を理解する、微妙なニュアンスも理解できる英語力が必要になってくる。そのため、20代でも７００点、30代で８００点と、かなり高度なレベルを求められる。

セクレタリーは、年代によってではなく、グループ・セクレタリーなのか、セクレタリーなのか、エグゼクティブ・セクレタリーなのかで、求められるレベルが違う。通訳や翻訳のほか、上司が口頭で指示した内容を英文のビジネスレターにしたり、英文のＥメールを送ったりと、「書く、読む、話す」すべての能力が求められる職種だ。

グループ・セクレタリーは、英語でかかってきた電話の用件がわかり、それを正確に伝えられれば十分だ。また、メールでのアポイントが正確にできるレベルの読み書き能力があればいい。

ちなみに、同時通訳をするなら９００点以上必要だが、通訳だけという職種の求人は少なく、日常的な通訳業務はセクレタリーがこなし、専門的な知識が求められる通訳が必要な時には、その時だけ派遣社員でまかなう企業が多い。

通訳や翻訳というと、英語さえできればよいと考えがちだが、実際には、的確な日本語に置き換えられる、日本語の豊富な表現力が求められる。また通訳は、正確かつ的確に要約しながら、コミュニケーションをサポートする能力も求められる。エグゼクティブ・セクレタリーになると、会社の経営を左右するような重要な契約に同席し、通訳することもある。

８６０～９９０点は、「ネイティブ・スピーカー」程度の英語力があるということだ。仕事の中身も当然複雑になり、外資系企業を顧客とするコンサルタントや国際法務、エグゼクティブセクレタリー、通訳など、微妙なニュアンスの違いが、契約に影響する仕事である。英語力だけではなく、相手国の文化的背景やビジネス習慣まで押さえていることが期待される。

40代以上のコンサルティング職といえば、かなりのクラスだ。他社の課題発見やソリューションの提供などの一連の業務をすべて英語でこなせる、８５０点レベルが必要だ。

マーケティングや広報・ＰＲ部門は、ネイティブ・スピーカーとのやりとりが多い。商品を日本に持ってきて、どう売るかを考える時、向こうではどうやって売ったのかは知っておかねばならないし、日本ではこういう売り方や宣伝広告をしました、というレポートも提出しなければならない。

ポジションが高くなれば、どんな職種でも英語力は必要になる。会議に出る機会が増えるからだ。最近では、電子会議が頻繁に行われるため、「話す」力は必須である。そのため、今は使う機会がなくても自主的に勉強している人が結構いる。

英語力は確実に高値になる銘柄だ。そろそろ重い腰を上げたほうが身のためである。

専門・技術系職種が「現場で使う英語」の中身

日本の金融システムは、欧米に比べて遅れている。また、日本のマーケットは重要なため、金融関連職は本国の社員が指導・管理にきているケースが多く、上司は外国人という場合がよくある。さらに、世界中のどこかでは、必ずマーケットは開いているため、国際電話でマーケットのやり取りをすることが多く、「書く、読む、話す」高いビジネス英語力が求められる。

運用・サポート職は、顧客の要望や問題等の対応について、本社に問い合わせをする場面も多い。ただ、基本的にはメールでのやりとりなので、「読む、書く」能力で、対応は可能だ。

ＳＥや開発・設計などの技術系は、本国から送られたマニュアルやＥメールを読んだり、トラブルを報告する時に英語を使う。マニュアルは英語で書かれているものが多く、新しい技術に関する情報を、メールでやりとりする機会も多い。「読む、書く」能力が必要だ。ただし、社内のみのやりとりのため、表現力を伴った「書く」英語力は必要ない。とりあえず伝わればいいので、他の職種に比べて求められるレベルは低めだ。

ただし、技術者もマネジャークラスになると、英語での会議に出席する機会が増える。エンジニアとはいえ、本社との交渉ができるレベルの英語力は必要になってくる。

また、研究開発センターはたいてい国ごとに設けられており、各国で同時に研究が行われている。その内容は、ネットワークでつながれているので、その資料を読解する力は必要だ。

ただし、ＩＴ関連のエンジニアだけは慢性的な人材不足の状況にあるため、それほど英語力を求められない傾向もある。技術力に加えて英語力も求めると、採用できる人材が限られてしまうからだ。ただしこれも、今現在人材不足だからなだけであって、解消されれば、英語力を求められることには違いない。

価値ある情報を手に入れる人間関係の作り方

人付き合いというのはギブ・アンド・テイクで、もらうだけではなく、相手に何かを与えられる存在でなければ続かない。

例えば、異業種交流会で一番嫌われるのは、「教えてください」「紹介してください」と、与えてもらうことばかり求めて、いざ相手が何かをもらおうとすると、「無理です」「できません」と、与えない、あるいは与えられない人だ。すぐに相手にされなくなる。つきあってもいいことがなければ、相手が離れていくのは当然だ。

そのメリットは、仕事のことでもいいし、趣味のことでも何でもいい。たとえば、共通の趣味が釣りなら、いい釣り場を教えられるという程度でいい。

特に、交流のない業界の人と話をする場合、仕事についての共通の話題がないため、話題に困ることがある。そのためにも、何か打ち込める趣味を持っていたほうがいい。また、こういう場では、性格的に誰とでもうちとけて話せる人は得だ。ただし、その関係が長続きするかは別の話である。理由はさっきもいったように、ギブできるものの有無にかかっているからだ。

私は仕事がら、転職市場についての情報を求められることが多かった。転職市場の現状やどんな人材が求められているのか、逆に人事関係の仕事をしている人には、どんな人材が採れるのかといった情報をギブしていた。こういった話題は、職種や業界に関わらず誰でも興味があることなので、どんな会に参加しても大変喜ばれた。

逆に私がテイクできたものは、数千万円の利益だった。ここで登録者やヘッドハンティングの対象になる優秀な人材に、大勢出会えたからだ。異業種交流会で知り合った人だけで何人も決めた。交流会で知り合った本人だけではなく、そのお子さんの転職先を決めたこともある。

ギブしたものの価値が、相手にとって高ければ高いほど、テイクできるものも大きくなる。もちろん、これは異業種交流会に限ったことではない。人付き合い全般にいえることだ。より価値の高い人間関係を築きたいなら、まずは他の人が持っていないものを身につけるところから始めよう。私は人材市場に関しては、誰にも負けない知識を持っている自信があるし、これからも今の状態を維持していくつもりだ。

3章● 自分の可能性をアピールする方法

能力だけでは難関を突破できない

採用現場から導き出したアピールのコツ

素晴らしい能力を持っているのに、それをアピールするのが下手で、不採用になる人がいる。自己分析がしっかりできていなかったり、表現が足りなかったり、自己PRのポイントがずれてしまっていて、せっかくの魅力が伝わってこないのだ。非常にもったいない話である。

私は毎日、いろいろな人の魅力を企業にアピールしている。企業サイドの人材要求に、100パーセント応えることは不可能に近い。そこで、若干要求に合わない人材を紹介することになるのだが、その時には必ず、応募書類には書けない本人の魅力をプレゼンテーションする。

「この方は、御社の条件に合わない部分もありますが、こういういい所がありますから、ぜひ一度、面接していただけませんか」

というようにだ。

また、企業に頼まれて、面接に同席することもある。数えきれない人たちの自己アピールと、それに対する企業サイドの反応を目にしてきた。

3章では、私の経験から導き出した、「ぜひ、この応募者に会ってみたい」「この人が欲しい」と企業に思わせるプロのアピール・テクニックと、書類選考・面接攻略法を伝授しようと思う。応募書類の書き方や、面接での受け答え、転職アドバイザーの利用法といった視点から、一般の応募者が応用できる部分を、いくつか選んでみた。アピールがうまいことも才能のひとつだ。プロのテクニックを盗んで、自分の才能を思う存分、企業に伝えてもらいたい。

欲しい人には採用担当者からウラ情報が流れる

人材を紹介した企業から、「2次面接にきてください」という連絡が入る際、採用に関する裏情報や攻略法を、企業から教えられることがある。

「彼は素晴らしい能力を持っているし、私は、ぜひ一緒に働きたいと思っています。しかし、やや積極性に欠けるところがありますね。当社は積極性を持った人材を求める傾向が強いので、2次面接で社長に会う時には、そのへんを注意してください」

というようにだ。

外資系企業の場合、人材紹介会社との窓口が配属部署であることもある。その部署の人間が応募者を気に入った場合、こうして合格の手助けをしてくれることがある。

また、面接の場では、同一人物に対する評価が、人によって違うことがある。独創性の強い人材を、「個性の強い人材だ」と見る人もいるし、「使いづらい」と見る人もいる。

では、評価に食い違いが出た時はどうするのか。たとえば、人事が2人、配属部署の人間が1人の合計3人で面接をしたとしよう。人事の2人は、

「協調性に欠ける。採用は見送るべき」

という。配属部署の人間は、

「即戦力としての資質を持っている。ぜひ採用したい」

という。こういう場合、2対1で不採用かというとそうではなく、

「現場がそういうなら……」

と、人事が折れる場合が多いのである。

実務レベルの能力は、配属部署の人間にしか判断できない。また、一緒に働く人間がＯＫサインを出すなら、人事は特に異を唱える必要はない。

また、人事も配属部署の人間も「不採用」という結論を下しても、採用になるケースがある。それは、社長に気に入られた場合だ。中小企業の場合、社長が面接をして、その際に応募者と意気投合し、採用に至ることもある。

配属部署の上司や社長といった、より採用権限の強い人に評価されること。これが、面接突破のポイントである。また、人材紹介会社もうまく使って、面接の突破率をあげてもらいたい。

こんな面接をする会社は避けろ

会社は〝試着〟できない。仕事の中身や社内の雰囲気は、自分に合ったやりがいのあるところなのか。本当に知りたいことは、実際に働いてみなければわからない。

しかし、入社した人の大半が後悔すると思われる、粗悪会社の見分け方はいくつかある。面接の際には、以下の6項目をチェックするといい。

①こちらの質問に、はっきりと答えてくれない

入社してから「話が違う」と叫びたくなる会社は、大抵こういうことをする。こちらの質問をうやむやにして入社させようとする企業は危ない。

②いいことしかいわない

何の問題もない企業などない。自社のビジネス上のウイークポイントをさらしたうえで、「一緒に頑張りませんか」という企業ならば、信用できる。

③給与の交渉が簡単に妥協する

企業形態がしっかりしていない証拠である。

④1回の面接で、採用通知が届いた

社員の出入りが激しく、とりあえず頭数をそろえるために採用している企業がよくやる手だ。ただし、応募者が、飛行機や新幹線を使って面接に来なければならない場合は別だ。応募者の負担を考え、役員面接や現場社員との面接を一度に済ませることがある。

⑤社長面接の時、よくしゃべっていた面接官が黙りこみ、社長だけがしゃべる

ワンマン企業の典型である。社長は神様であり、部下は意見を口にすることが許されない、窮屈な会社である証拠だ。また、話は大きいが、現実味のない夢のような話をする社長もいる。これは、経営状態が苦しく、それをごまかすために、まくしたてている場合が多い。

⑥人事部長が女性で、社長と同性である

同族企業で、会社を私物化しているケースがある。

さらに詳しく働きやすさや会社の実態を知りたい時には、１次面接の後に、

「同年代の社員の方とお話させていただけませんか」

「採用後に配属される部署を見学させてください」

会社に選ばれるという発想では失敗する

と、企業に申し出てみるといい。快く応対してくれるならば、それは〝隠したいこと〟がない証拠だ。また、実際にオフィスの空気に触れることで、自分に合うかどうかも、だいたいつかむことができる。こういったことは、外部からはわからないので、入社前に一度、頼んでみるといい。会社訪問は、新卒以外は嫌がられるのではないかと思っている人がいるが、決してそんなことはない。

また、人材紹介会社を使えば、「ひと足先に転職した人の声」を聞くこともできる。我々は、つきあいの長い企業には、何人もの人材を紹介する。我が社を通して入社した「アイ・ピー・シーのＯＢ」が2桁にのぼる企業も少なくない。

大手商社で営業をしていた皆川洋之さん（27歳）は、外資系ハイテクベンチャー企業A社から内定を得た。しかし、彼は外資系という、これまでとは違う環境でうまくやっていけるのか不安を感じ、入社をためらっていた。そこで私は、半年前に当社を通じてA社に入社した生瀬雄一さん（29歳）を紹介することにした。

「半年前に当社を通じて入社した方がいらっしゃいますが、一度お話をされてはどうでしょう」

A社に興味を持ちつつも悩んでいた皆川さんは、

「ぜひ、お願いします」

と答え、早速私は2人が会う場を設けることにした。

生瀬さんとしても、アイ・ピー・シーOBとして、自分の後輩になるかもしれない皆川さんに、いろいろ話したいこともあるようだった。生瀬さんはA社のよい所だけでなく、悪い所も話してくれた。この「悪い所も」というのがよかった。採用担当者の口から出るのはいい話ばかりで、どこまで本当なのか信用できないところがあった皆川さんは、逆に安心できたようだ。「OB訪問」から2日後に、皆川さんから入社の意志を伝える電話がかかってきた。

就職に、やり直しはききづらい。入社する前にできる企業チェックは、すべてやりつくすべきだ。そうしなければ、すぐに次の転職先を探すことになってしまう。

面接チェックシートの実物はどうなっているか

中途採用歴25年の人事担当者に、面接でポイントにしていることを聞いてみた。

「第一印象で9割方決めています」

彼は、始めの10分で大方の判断をしてしまうという。

「長いこと面接をしていると、どういうタイプが当社で活躍できるかわかりますから。1次面接では応募書類に書かれたことに嘘がないかも調べていますが、でも、やっぱり第一印象が大事ですね」

これは、私にもよくわかる。何十年も人材の能力を見抜く仕事をしていると、勘が働くようになる。そしてこの勘は、そうそう外れることがない。これは単に感覚的なものではなく、大勢の人たちの能力チェックをこなすうちに、いろいろなチェックが無意識にできるようになるということだと思う。

ただし、どの企業にも、こういった人事の達人がいるわけではない。そこで、勘が働くほど採用に通じていなかったり、大勢の人事担当者が、数回に渡って面接をする場合には、

面 接 評 価 表

面接日

氏　名

業務遂行能力	1	2	3	4	5		
業　務　経　験	1	2	3	4	5		
積　極　性	1	2	3	4	5		
協　調　性	1	2	3	4	5		
独自性/独創性	1	2	3	4	5		
交渉力/対話能力	1	2	3	4	5		
自己表現力/プレゼンテーション力	1	2	3	4	5		
管　理　能　力	1	2	3	4	5		
総　合　評　価	1	2	3	4	5	6	7

面接/書類評価

「面接チェックシート」が使われることになる。

企業に頼まれて、面接に同席することがある。人事担当者が、応募者に質問しながら、ペンを走らせている姿を見たことがあるだろう。それは、次ページの「面接チェックシート」だ。

業務遂行能力に始まり、積極性や管理能力、問題処理能力などが5段階評価でなされ、全体的な評価を記す欄が最後に設けられている。

面接終了後、面接官らでこれを突き合わせし、その人に次の面接の連絡を入れるかどうかを決める。また、1次と2次で面接官が変わる場合、自分が受けた印象を次の人に伝えるためにも使われる。

面接の第1段階は、応募書類に書かれていることが本当なのかを確認することである。応募書類の中には、書類選考を通ることだけを考えて、実際とは異なることを書く人がいる。とりあえず書類選考は通したものの、首をかしげたくなる応募書類には、必ずチェックが入る。

「こんなに短い期間で、これだけの大きな仕事をできるのだろうか」

「こんなに若い人に、こんな責任のある仕事をさせるだろうか」

応募書類に書かれていることが本当かどうかは、面接でわかる。デタラメを書けば、必ず途中でいいよどむからだ。

面接では、履歴書に書けないその人の魅力もチェックされている。積極性や判断力などだ。応募書類を見る限りではパッとしないが、話をしてみると素晴らしいものをもっていた、ということはよくある。

面接の準備としては、自分が提出した書類を読み込んでおくことである。質問の多くは、そこから出されるからだ。

あとは、本命企業に行く前に、人材紹介会社や他の企業で面接の練習しておくことも大事だ。聞かれることは、たいてい決まっている。何度かこなせば慣れるし、どう答えるのが効果的かがつかめてくる。

よく出る質問の「裏の意味」と「満点回答」

面接で聞かれる質問の狙いがわかれば、的確な答えもおのずと見えてくる。以下によく出る質問と、面接官の心をつかむ回答のポイントをまとめた。

Q いつごろ入社できますか?

こんな質問をされたら、それは、採用まであと一歩のところまできている証拠だ。採用する気がない人に、こんな質問はしない。採用意欲が高まっているサインである。だが、こう聞かれたからといって、必ず採用されるわけではない。同じ質問を、他の人にもしている可能性があるからだ。たとえば、人が急に辞めることになり、1日でも早く採用したいとする。企業としては、

「本当はAさんを採用したいが、Aさんが入社できるのは2ヶ月後だ。じゃあ、1ヶ月後に入社できるBさんを採用しよう」

と、2番目、3番目に評価していた人に、内定を出すことがある。

入社時期は早ければ早いほどいいが、1、2ヶ月は待ってくれるのが一般的だ。今、勤めている会社を辞めてから入社となると、引き継ぎなどで、どうしても1ヶ月はかかってしまう。また技術系の人であれば、プロジェクトが終わるまで、ということで、3、4ヶ月待ってくれることもある。

すぐに辞められなければ、

「引き継ぎもありますし、すぐにというわけにはいかないかもしれません。ただ、もしも1日でも早く入社しなくてはならない事情があれば、何とか抜けられそうな時期を調整してみます」

と、答えておけば印象がいい。

逆に、すでに会社を辞めているにも関わらず、

「2ヶ月ほど待っていただけますか」

というのはまずい。

「他に行きたい会社があるんだな」

と、思われてしまう。

「採用が決まり次第入社できます」

と、答えて、入社への意欲をアピールしたい。

Q どのくらいの給与を希望しますか?

たいてい1次面接の最後か、2次面接で聞かれる。これは、企業と応募者がお互いに採用の意欲が高まっているにも関わらず、最終的に給与のことで決裂することを防ぐために、早い時点で聞かれることが多い。また同時に、自分自身のキャリアをどうみているのかが探られている。

欲張って高い要求を出すと、

「うちでは無理ですね」

と、あっさり採用を断わられることもある。

だが、ここで、あわてて希望額を下げたら、印象は最悪だ。この質問には、

「仕事に魅力を感じての転職ですが、給与ダウンは避けたいと思っています」

と、答えるのがベストだ。また、現在の給与額に不満がある場合は、

「私は、今までこういう仕事をしてきて、こういった経験とスキルがあります。今は、手取りで25万円ですが、水準より3万円ほど安いと思っています」

と答えれば、会社側が配慮してくれるだろう。

マニュアル本の中には、10パーセントアップまでは常識的な範囲と書かれているものもあるが、それほど単純な話ではない。企業ごとに給与水準というものがあり、同じ仕事でも給与額には差があるのが普通だ。まずは採用通知をもらうことが先である。それで、給与額に不満があれば、断わればいい。

Q どこか当社以外にも受けていますか?

これに対する理想的な答えは、

「はい、1社だけ履歴書を出しています」

だ。何社受けていても、こう答えていい。転職者は、たいていい数社に応募しているのが

普通であり、企業側もそれを理解している。この質問では、

「御社だけです」

という返事を期待しているわけではない。希望に一貫性があるかどうかが知りたいだけだ。もしも職種や業界が違う企業へ応募している場合、正直にいってしまうと、

「そんなフラフラした気持ちで転職を考えているのか」

と、マイナス評価を下される。面接には、すべて正直に答える必要はない。不利なことは黙っていてかまわない。

Q 後輩や部下の意欲を高めるために、してきたことはありますか？

これは、企業があなたのリーダーとしての能力をはかるために出す質問だ。近いうちにチームリーダーのポストが空き、その候補にあなたが上がっている可能性が高い。

「こまかく指示を出すのではなく、部下が困った時にだけ十分な後押しをするようにしていました。そうすることで、部下が安心して仕事に打ち込める環境を作ってきました」

というように、今までの経験の中から答える。この質問への返答は、実際のケースを例に出して説明したほうが効果的だ。部下をどんな言葉で誉めたり接したら、やる気が高まったか。また逆の時には、何が原因だったのか。

部下の立場としても、仕事を指示される際に、

「そんないい方をしなくてもいいのに」

と、反発心がわいた経験はないか。これらを簡潔にまとめておくことで、的確な答えが浮かび上がるはずだ。

Q 結婚後も仕事を続ける意志はありますか?

せっかく使えるようになった途端に辞められたら、企業としてはたまらない。企業は、女性の結婚退職をリスクととらえている。

2人の間で結婚の意志は固まっていても、具体的なことが決まっていない限りは、

「今はまだ、結婚のことは考えておりません」

と、答えておくのが無難だ。ただ、すでに式場の予約が済んでいるような場合は、入社後にトラブルになるので、嘘はいえない。

「結婚後も仕事は続けるつもりです」

「女性が長い間働ける企業だということも、志望理由のひとつです」

などといった回答で、勤続意欲を伝えることが大切だ。

99年4月以降は、この質問を女性応募者に対してのみ聞くのは違法になった。だが、企

業は勤続年数やその意志を聞きたいだけなので、頑《かたく》なにならずに答えたほうがいい。

Q なぜ当社に応募したのですか？

という質問は、

「あなたを採用することで、当社にはどんなメリットがありますか？」

と、いい換えることができる。

したがって、企業が得だと考えていることを的確につかみ、ピンポイントで攻めるのが得策だ。求人広告や企業のホームページ等から、どんな知識や能力を持った人材が求められているかを読み取り、自分のキャリアの中から、それと関連がある部分をピックアップする。そして、

「私は今までのキャリアを活かして、こういうことをしたい。それは、企業にとっても絶対に損な話ではないはずです」

と答えるのが、志望理由を聞かれた時の模範回答である。

志望理由を答えると、それが口先だけではないか、企業は確認の質問を始める。

「入社したら、どんな仕事がしたいですか」

「キャリアプランはどのように考えていますか」

「仕事上の実績についてお聞かせください」

「当社に対して、どのような印象をもっていますか」

企業は、これらの回答から会社への志望度合や目的意識、ビジョンなどを明確にしたいと考えている。これらの質問の意図をふまえ、的確に答えられるよう準備をしておいてほしい。

知りたがる退職理由は口頭で伝えないと誤解される

企業が退職理由を知りたがるのには、2つの理由がある。

第1に、「採用しても、同じような理由で辞められると困る」という心配があるからだ。人間関係の悩みや残業など、どの企業でもあることを退職理由にあげると敬遠されるのは、このためである。

ただ、人間関係が理由の転職が、即マイナス評価につながるわけではない。職場での人間関係に悩まない人はいない。たとえば、上司との関係に悩み、転職を決めた場合は、「関係がうまくいかなくなった理由を、冷静な目で探してみました。それから関係修復を試みましたが、それでもうまくいきませんでした。だから、自分がだめになる前に転職することに決めました」

と、答える。このように、上司の悪口を並べるのではなく、関係修復の努力をしたことを説明できれば、何らマイナスにはならない。

「残業が多くて辞めたい」も退職理由として通用する。ただし、具体的な残業時間を盛り込むことで、相手を納得させなければならない。

「毎月70時間程度の残業があり、休日出勤も月に1、2回あります。今月忙しくても次の月は残業が少ない、というのであればいいのですが、恒常的に忙しいと、自分の時間や勉強する時間がとれないので、転職を決意しました」

というように答える。

また、収入アップが目的でも、初めての面接で、

「給料が安かったからです」

と、答えるべきではない。

1次面接では、応募書類に書かれていることが本当なのかを確認する作業が行われる。したがって、よい第一印象をもってもらい、自分の魅力をきちんと企業に伝え、2回目の面接に呼びたいと思わせることに専念すべきだ。こまかな待遇面については、2次面接以降で十分間に合う。

どうしても安月給を退職理由にしたいのであれば、会社の業績にからめて話をする。20代で給与額に差があるのは、企業の業績が悪いためであることが多い。

企業の業績が悪ければ、自分の将来やキャリアアップにも不利になる。そこを相手に伝えればいい。

企業は、「前の会社で、何か大きなトラブルを起こして辞めていないか」を確認するためにも、退職理由を聞きたがる。たとえば、会社の金を使い込んで解雇された人は、どこだって雇いたくない。

退職理由には、人間関係や待遇への不満など、ちょっとしたニュアンスの違いで、マイナス評価につながるものが多い。そのため、応募書類には書かず、面接時に口頭で説明するほうがベターだ。応募書類には「一身上の都合により退職」とだけ書いておけばいい。

企業は本音を聞き出そうと、ストレートに「会社を辞めた理由は何ですか？」と質問するのではなく、変化球を投げてくることがある。

「前の会社で、人間関係に悩んだことはありませんか」

「前の会社で、給与面での不満はありませんでしたか」

「休日出勤や残業など、待遇面での不満はありませんでしたか」

という質問をされたら、退職理由を知りたがっているということだ。

採用担当者を味方につけるうまい方法

面接には、「選考のための面接」と「形だけの面接」がある。形だけの面接とは、すでに人事や直属の上司との面接を済ませた後の、社長や役員との面接だ。この面接は形だけで、大きな失敗さえしなければ、採用は決まっている。

だが、形だけとはいえ、ここで落ちる人もいる。そういう人はほぼ間違いなく、しゃべりすぎて失敗している。役員や社長を前に、何か自分を印象づけることをいわなければとあせってしまい、余計なことをいってしまうのだろう。だが、採用はほぼ決定しているのだから、ここで面接官の印象に残ることをいう必要はない。当たり障《さわ》りなくやりすごすだけで十分だ。

しかし、ひとりで転職活動していると、その面接が形だけのものなのか、選考のためのものなのか、判断がつかないことも多い。そんな時には、採用担当者に、

「次の面接は、どのような内容なのでしょうか」

と、聞いてみるといい。

すでに選考用の面接が修了している場合は、次の「形だけの」面接の注意点を教えてく

れることがある。

なぜ人事担当者は、そんな情報を流してくれるのか。それは、最終面接まで進んだ応募者は、人事担当者にとっての「成果」であり、形だけの面接は、彼らが人事マンとしての有能さを、社長や上役にアピールする場でもあるからだ。

採用担当者が選んだ人物が、上役との面接で失態を演じれば、

「なぜ、あんな奴を通したんだ」

と、能力を疑われてしまう。逆に気に入られれば、

「いい人材を採用したな。さすがだ」

と、評価につながる。

彼らは応募者のためではなく、自分のために情報をリークする。

採用担当者もまた、組織に属する会社員である。そこのあたりの事情をうまく利用して、彼らを味方につけるのもひとつの方法である。

未経験者にメリットが多い企業とは

さて、未経験者が一番受かりやすい企業は、①～③のどれか。

①大企業
②中堅企業
③小規模企業

答えは、②の中堅企業である。では、その理由は？

それは、社長が面接する場合が多いからだ。役員面接にいきつくまでに筆記試験や面接試験をいくつも受けなければいけない大企業と違って、1次面接に社長が同席する場合も多い。そこで社長に気に入られて、

「キャリアはないが、素質はありそうだ。人柄もいいし、やる気もある。使えるんじゃないか？」

と、即採用が決まるケースがあるのだ。

小規模な企業も社長が面接するが、本当にギリギリのところで運営しているため、経験者しか採れない。育つまで待つことができないのである。

というわけで、中堅企業が一番受かりやすい企業規模、ということになる。しかも、中堅企業には、他にもメリットがある。

中堅企業は、いつでも仕事の量に対して、人員の絶対数が足りない。だから、大企業に比べて、早くから面白くて重要な仕事をまかされる可能性が高い。中途採用者も多いため

働きやすく、入社したばかりの見ず知らずの社員とプロジェクトチームを組む機会も多い。実践でリーダーシップを養う場にもなる。

さらには、中堅企業はトップと一般社員の距離が近い。例えば、上司との関係があまりよくなくても、仕事さえできれば直属の上司を飛び越えてトップに評価してもらえるケースも多い。

大企業だったら、こうはいかない。ある調査によれば、「仕事ができるのに出世できない人の特徴は？」という質問に、半数以上の回答者が「上司に好感をもたれていない人」と答えている。

ただ、これらのメリットは考え方によってはデメリットにもなる。教育の時間をとってもらえない。上司と一緒に時間に追われつつ働きながら、学ぶべきものを盗んで、自分で考えて勉強していかなければいけない。人員が足りないから常に忙しいし、早い時期から成果を求められるということもある。

あとは、個人の受け取り次第だ。これを「大変そうで嫌だ」と思うか、「すぐにやりがいのある仕事をさせてもらえて、短期間でキャリアアップをはかれる」と思うか。どちらができる人材の受け取り方かは、もういわなくてもわかるだろう。

堅すぎる面接ファッションはマイナス

転職雑誌を見ると、必ず「面接のマナーと常識」だとか「面接のファッションと持ち物」というページがある。そこには、

「シワのないスーツとシャツやブラウスであること」

「靴下は紺か黒。ストッキングはナチュラルカラーのものを」

などと書かれている。服装のことだけで、よくこんなに細かく項目をあげられるものだと感心してしまった。

しかし正直いって、そんなに細かいところまで選考基準にしている面接官はいない。服装にしても、別にスーツとブラウスである必要はない。ジャケットくらいは着るべきだが、インナーはニットでもかまわない。ストッキングもナチュラルカラーである必要はない。さすがに網タイツや奇抜なカラータイツはまずいが、黒や茶のタイツならば何の問題もない。

逆に、控えめな服装にしなければと、リクルートスーツや地味すぎる格好をするのは考えものだ。社会人になって何年もたつ人が、リクルートスーツを着るのは、どう考えても

不自然だ。その人本来の魅力が見えてこない。年相応の服装がベストである。面接に向いた服装とは、通勤服としておかしくないスタイルと考えてもらえばいい。

たしかに面接官の中には、細かいことを気にする堅物もいて、

「全体的な印象は悪くないが、マニキュアの色が派手すぎる」

と、指先まで見る人もいる。

もちろん、泥で汚れた靴を履いてきたり、派手なアクセサリーをじゃらじゃらとつけるのは非常識だ。だが、これらは社会人としての基本的マナーであり、特に面接だから気をつけろというものではないだろう。

面接は、あなたと企業が初めて顔を会わせる場であり、第一印象は大切だ。だが、服装やこまかな動作を気にして、自分を出せないのでは本末転倒である。

こんな人材紹介会社には要注意

人材紹介会社には、信頼できる会社と首をかしげたくなる会社がある。そして、特にキャリアが足りない人の場合、人材紹介会社の質は採否を左右するので、見極めが重要になる。

人材紹介会社は、「少し条件に満たない」人材を企業に紹介する時、応募書類に推薦文を添えて送る。

「御社の要求には達していませんが、勉強する意欲も高いですし、こういういいところを持っている方ですので、ぜひ一度、会ってください」

と、応募書類だけでは伝え切れない魅力をアピールするのだ。応募書類を提出する際、間に立った人材紹介会社が、書類に書けない本人の人間的魅力を、きちんと伝えてくれるかどうかで、書類選考の突破率には、大きな差が出る。

信頼できるかどうかは、人材紹介会社に足を運んでみればわかる。避けたい人材紹介会社は、キャリア診断をきちんとしない。登録者の希望に耳を傾けない。そして、仕事を紹介する時には、

「そこしかないよ」

「その企業で決めないなんて、おかしいんじゃない」

と、高圧的な態度で、すぐに決めさせようとする。こちらが乗り気ではなく、

「この会社を受けるつもりはありません」

と断わっても、強引に話を進めようとする。

人材紹介会社は営利企業だ。登録者からは料金をもらえないのだから、企業に入社させ、

企業から紹介料をもらうしかない。そのため、アンハッピーな転職を持ち込む人材紹介会社は、

「とにかく自分のところで決めたい」

という気持ちが前面に出てしまう。

また、あなたに仕事を勧めるコンサルタントは、入社させた人数が多ければ多いほど、インセンティブ（能力給）が上がる。中には、決めなければ無給のフルコミッションのコンサルタントもいる。彼らは自分の生活費を稼ぐことに必死で、登録者のハッピーな転職にまで頭が回らない。

しかし、これは頭のいいやり方ではない。人材紹介ビジネスは、物の売り買いとは違う。その人が企業に入って、個人と企業がハッピーになることで、我々は信頼を得ていく。無理矢理入社させて、すぐに辞められたら、企業からは、

「ろくな人材を紹介しない」

と、信頼を失い、次からは依頼が入らなくなる。

もちろん個人も、その人材紹介会社の悪口をいいふらすだろう。このビジネスは、信頼関係が命だ。企業との信頼関係がくずれた人材紹介会社には、いい求人情報はもうこない。

逆に、いい人材紹介会社は、登録時にこまかなキャリア診断をしてくれる。あなたに合

ソニーヒューマンキャピタル(株) 〒108-0073 東京都港区三田3-13-16 三田43森ビル7階 TEL:03-5445-2921(紹介) 03-5445-2911(派遣) http://www.sonyhumancapital.co.jp/	**【推薦人材紹介派遣会社】**
【推薦人材紹介会社】	**アデコキャリアスタッフ(株)** 〒107-0062 東京都港区南青山1-15-9　第45興和ビル7階 TEL:03-3517-1833(紹介) 0120-145-104(派遣) http://www.adeccocareer.co.jp
(株)アイ・ピー・シー 〒107-0052 東京都港区赤坂4-1-31 アカネビル7階 TEL:03-5570-7131 http://www.ipc-jp.com	**(株)エーシーアール** 〒810-0004 福岡県福岡市中央区渡辺通4-10-10　松下渡辺ビル5階 TEL:092-721-5550(紹介) 092-721-4656(派遣) http://www.acr.gr.jp/
(株)アージス・ジャパン 〒107-0062 東京都港区南青山2-22-18　北川第一ビル TEL:03-5414-6311 http://www.aegis-japan.co.jp/	**(株)キャリアトラスト** 〒541-0041 大阪府大阪市中央区北浜3-1-21　松崎ビル7階 TEL:06-6202-3322(紹介) 06-6202-3415(派遣) http://www.careertrust.co.jp/
(株)キャリアアクセス 〒160-0023 東京都新宿区西新宿3-2-7　オノコー新宿ビル4階 TEL:03-3343-2266 http://www.career-access.com	**(株)ケンウッド・パーソネル** 〒150-0036 東京都渋谷区南平台町15-13　帝都ビル5階 TEL:03-3477-5351(紹介) 03-3477-5477(派遣) http://www.kenwoodcorp.com/kenwood.personnel/
(株)ケンブリッジ・リサーチ研究所 〒107-0052 東京都港区赤坂1-9-20 第16興和ビル北館7階 TEL:03-3582-8931 http://www.tenshoku.co.jp/	**ジャフココンサルティング(株)** 〒105-0004 東京都港区新橋1-9-6 新一ビル8階 TEL:03-5568-6520(紹介) 03-5568-6515(派遣) http://www.jcc-ltd.co.jp/

ベンチャーエントリー(株) 〒104-0031 東京都中央区京橋2-8-18　昭和ビル TEL：03-3538-8383 http://www.v-entry.co.jp	**クイック人材センター(株)クイック** 〒107-0052 東京都港区赤坂3-2-12 赤坂ノアビル TEL：03-3585-3741 http://www.919.co.jp
(株)メイツ 〒101-0045 東京都千代田区神田鍛冶町3-7　村木ビル7階 TEL：03-3253-6506 http://shoukai.mates.co.jp	**(株)ジェー・エム・アール** 〒106-0032 東京都港区六本木2-2-2　イトーピア六本木508 TEL：03-3589-1236 http://www.jmr.co.jp/
(株)ライトアソシエイツジャパン 〒107-0062 東京都港区南青山3-12-12　紅谷ビル7階 TEL：03-3470-7850 http://www.raj.co.jp/	**ジョブサーチパワー(株)** 〒100-6190 東京都千代田区永田町2-11-1　山王パワータワー TEL：0120-106-458 http://www.jobsearch.co.jp
(株)ライフケア・ネットワーク 〒150-0031 東京都渋谷区桜丘町3-6　大和田第2ビル3階 TEL：03-3464-7391 http://www.lifecare.co.jp/	**東京エグゼクティブ・サーチ(株)** 〒102-0084 東京都千代田区二番町11-5　番町HYビル6階 TEL：03-3230-1881 http://www.tesco.co.jp
(株)リクルートエイブリック 〒100-6010 東京都千代田区霞が関3-2-5　霞が関ビル10階 TEL：0120-050-454(10時～22時。土日は18時まで) http://www.ablic.co.jp/	**トップリサーチ(株)** 〒105-0003 東京都港区西新橋1-6-13　柏屋ビル5階 TEL：03-3502-1371 http://www.topresearch.co.jp
	(株)日本マンパワー 〒102-0071 東京都千代田区富士見2-3-11　アップルビル5階 TEL：03-3556-8020 http://www.jobbank.ne.jp

ったキャリアアッププランを教えてくれたり、

「語学力を身につければ、もっといい仕事をご紹介できますよ」

と、足りない能力の指摘もしてくれる。

仕事を紹介する時にも、登録者の意見を優先する。時折、強く進めることもあるが、それは本当にその人に合った仕事だと判断した時である。もちろん、無理矢理話を進めるようなことはしない。

「あなたにはこういう能力や適性にあり、それを活かすにはこの仕事がいいと思います」

と論理的に説得する。そして、もちろん、

「最終的な決断はおまかせします」

と、最後は登録者の意志にゆだねる。

また、いい人材紹介会社は企業との信頼関係が強く、情報量も豊富だ。しかし、この点は登録者にはわかりにくい。わざわざ説明することではないからだ。しかし仕事を紹介される時には、

「ここの会社には、これまでに何人くらい人を入れていて、こういう関係がある」

と説明してもらえる。

また、興味を持っている企業名をいくつか出し、

「これらの企業からの求人はありますか」

と、聞いてみるのもいい。

特に隠しだてする内容でもないので、聞けば教えてくれる。また、人材紹介会社によって、関係の深い業界や企業は異なるので、情報をもらさず手に入れる意味でも、1社だけではなく、4、5社に登録したほうがいい。

ただし、同じ企業を別の紹介会社から紹介されることもあるので、

「他の紹介会社へも登録していますか」

と聞かれたら、正直に答えてほしい。他の会社に登録しているからといって悪印象をもたれ、いい会社を紹介してくれないということはない。

人材紹介会社の良し悪しは、企業規模や知名度だけでは判断できない。登録者が多すぎて、コンピュータでマッチングするだけで終わり、という人材紹介会社もある。ただ、設立年数は判断材料になる。

長年続けるには、それなりの信頼と実績が必要だからだ。求人企業のリピーターが多い証拠である。

どの人材紹介会社を選ぶかで、あなたの人生は変わる可能性がある。これらの点を参考に、自分の目で見て、判断することが大切だ。

好きな仕事を求人サイトで見つける

インターネットを使って仕事探しをするのが、当たり前の時代になった。我が社の登録者にしても、ネットを経由してくる人が、ここ数年で急激に増えた。現在では、登録者の70～80パーセントが、ネット経由者だ。

インターネットを利用した転職活動にはいくつかあるが、その主流は、企業のホームページと求人サイトを利用する方法である。

興味のある企業のホームページは、こまめにチェックしておいたほうがいい。緊急で「会社説明会開催」という即時的情報が載っていることもある。また、「積極的には求人するつもりはないが、いい人がいたら採用したい」企業は、ウェブ上だけで求人情報を出している。

求人サイトとは、企業から広告料をもらって、求人を掲載しているサイトだ。サイトにもよるが、常時、数百から数千の求人情報が載っている。そして、これらの求人を職種や業種、希望年収などの条件で検索すると、希望にかなった求人のリストが現れる。希望条件を登録しておくと、条件にかなった求人情報がメールで届くサービスもある。

ここに載っている企業には、ウェブから直接応募ができる。企業の採用窓口の連絡先があって、直接企業に応募するサイトもあるが、たいていは求人サイト定型の応募フォームに個人情報や職務経歴、スキルを書き込んで応募書類を作り、応募するパターンが多い。そして、ほとんどのサイトは最初にユーザー登録をする必要がある。ユーザー登録をすると、自分専用の情報管理ページが使え、いろいろなサービスが受けられる。そのひとつが応募書類の作成と保存だ。一度作っておくと、応募ごとに応募書類を作成する必要がなく、作成後に訂正することもできる。

サイトによっては、匿名でキャリアを公開し、企業からのスカウトを待つサービスもある。名前や連絡先など、個人を特定する情報を伏せて、職務経歴や技能だけを公開する。それを見た企業は、興味のある人材にメールを送る。メールを受け取った人に応募の意志があれば、その後に実名で応募する、という仕組みである。匿名応募システムは気楽に登録することができ、自分の値段を知ることができるメリットがある。

実は、私も時おり匿名登録システムを利用している。登録者のキャリアや技能に近いものを登録するのだ。すると、いくつかの会社から面接の誘いが入る。

「今、あの会社ではこういう人材を求めているのか。じゃあ、アプローチしてみよう」

と、これで登録者の就職先を決めたこともある。

　また、キャリアが少なくても入りやすい業界や職種が何なのかを、リアルタイムで知る資料にもなる。求人件数が多いものが、現在、需要が高い職種や業界である。たとえば今は、どこの求人サイトもＩＴ関連の求人ばかりだ。人手不足なので、経験が足りなくても採用される可能性が高い。

　求人サイトにも問題点はある。転職雑誌にくらべると、企業情報がくわしく載っていないので、他の情報源との併用が必要な点だ。また、

「ウェブ上に個人情報を公開するのが怖い」

という人もいるだろう。ただ、この点に関しては、それほど恐がる必要もない。私の会社でも数年前からウェブ上での登録を始めているが、情報が外に漏れるなどのトラブルは一度もない。職業安定所の指導が厳しく、人材紹介会社はどこも個人情報の管理には気を使っている。

　また、ウェブ上での応募といっても、企業への応募には変わりないことは、頭においておくべきだ。早ければ応募から2、3日で企業からメールがくる。転職の意志が固まらないうちに、応募するのは避けたほうがいい。

　２００１年7月から、厚生労働省は、官民連携の雇用情報システム「しごと情報ネット」を始める。これは、全国の政令指定都市の公共職業安定所（ハローワーク）と、民間の求

○個人情報

氏名　岡田　千晶

生年月日　1975 年 10 月 20 日　満 25 歳

連絡先　電話 098-765-4321　携帯 090-1234-5678

メールアドレス okada@uuu.jp

連絡方法　在職中のため昼間も携帯電話は留守番電話となっています。
メールでの連絡を希望します。

最終学歴　1998 年 3 月 ○○大学文学部英文学科 卒

資格・免許　普通自動車運転免許（1996年）　実用英語検定2級

語学力・スキル　TOEIC700点、ワード、エクセル、パワーポイント

希望職種　秘書

希望業種　メーカー

○職務経歴

現在の勤務先　○○株式会社

職種　営業事務

業種　商社

在籍期間　1998 年 4 月 ～ 2001 年 3 月

主な職務内容

1998年4月～2001年3月○○株式会社 営業第2部
［担当業務］　輸入受発注事務担当
・売買伝票計上 ・請求書、納品書、見積もり書作成 ・在庫管理
・納期管理 ・顧客リストやプレゼン用資料作成
［セールスポイント等］
輸出入関係の営業事務の経験があり、海外との電子メールや国際電話での対応が適切にできます。また、上司のスケジュール管理や出張の手配など秘書的業務においては、仕事のプライオリティーを考え、効率的に業務を進めることができます。

人情報を同時に検索できるサイトだ。ハローワークの求人15万件、民間14万件の計29万件以上を掲載するサイトを目指しており、実現すれば、国内最大の求人サイトが誕生する。

ただ、原則的に2、3ヶ月は更新されないため、古くて使えない情報が載り続けることが心配されている。また、求人企業名は掲載されないため、知りたい時には該当するハローワークへ出向いて聞かなければならないめんどうさもある。ただ、求人サイト全体の質の向上とともに、現在ある問題点も、近いうちに解消されるだろう。

既にアメリカでは、企業の採用担当者は、まずネットの情報検索から始めるほど、ネット採用が根づいている。今後、インターネットを利用した求人活動はどんどん広まっていくだろう。サービスは無料なので、いくつか登録しておくといい。

時間のかかる面接や筆記試験をパスする方法

ホームページを経由して、企業に応募する人が増えた。郵送よりもメールでの応募のほうが多い企業もあるようだ。中には、一般応募の90パーセントが、メールでの応募という企業もあるという。

メールで応募する場合、一般的には、以下のような流れになる。

①メール応募の受付
②メール応募されたデータをもとに、人事部が書類選考を行う
③書類選考をパスした人は、正式な履歴書と職務経歴書（メールより詳しいもの）を提出するよう求められる
④採用部署の担当者が、履歴書と職務経歴書をもとに、2次選考を行う
⑤2次選考合格者への面接が行われる

ちなみに、メール応募の情報だけでは足りないため、後で正式な応募書類を提出させるのが普通だ。

先日、メール応募を受け付けているA社の人事担当者に、話を聞く機会があった。

「メールで応募してきた方には、メールでのやり取りで1次選考を済ませてしまいます。もちろん、それだけで採用不採用は決められませんが、そこでのやり取りがきちんとした方であれば、その後の人事面接や筆記試験を省略することもあります」

業務の効率化が進んでいる。A社のような採用スタイルは、今後、一般的なものになっていくだろう。実際、A社の場合、メール応募と雑誌媒体などを使った郵送による応募では、内定までのスピードにも差が出るという。

メール応募の場合、A社は「会ってみたい」と思う人に、

「この度はご応募ありがとうございます。ぜひ1度お会いしたいと存じますが、その前に、2、3質問をさせてください。まず、当社に入社したら、どんな仕事をしたいですか。そして、今後どのようなキャリアアッププランをお考えですか。お手数をおかけしますが、お返事をお待ちしております」

といったメールを送る。この返事の内容や、対応の素早さで、1次選考を済ますのだという。きちんとした対応をしておけば、面接の回数は確実に1回は減り、普通ならば1ヶ月ほどかかる選考を、早い人では2週間で内定を出すこともあるそうだ。

うまく利用して、効率的な転職活動を進めてもらいたい。

企業名の匿名は有名企業や大手求人の証

人材紹介会社のホームページには、企業の求人スペックが載っている。しかし、企業名は記されていないものが多い。企業が匿名で募集をかけているからだ。そして、社名はいえないが、それらの多くは、有名企業や大手からの求人である。

理由はいくつかある。多いのは、その企業が新しい事業に進出するにあたって、人材を募集しているケースだ。匿名の求人は、上級管理職や新規事業の立ち上げなど、一部の職種に限られることが多い。特に新規事業立ち上げのための求人などは、競合他社に知られてしまっては今後の事業戦略上まずい。

また、現在そのポジションで働いている人を異動させたり、話し合いで会社を辞めてもらおうと思っているケースもある。代わりに入る新しい人材がほしい、という場合だ。話をする前に、たまたま本人がその求人を見てしまったらトラブルになる。

もちろん、求人サイトや人材紹介会社のホームページの中には、企業名を公表しているものもある。しかしそれは、転職雑誌などに掲載されている情報を、そのまま載せただけにすぎない。

企業名をふせた求人スペックは、人材紹介会社にだけ流された、スペシャルな情報である。大手企業からの求人にも関わらず、目にする人が少ないぶん、競争率は低い。また、新規事業の創立メンバーとして事業に参加するといった、面白い仕事をさせてもらえる可能性も高い。もちろん匿名求人とはいえ、実際に応募することになれば、企業名は教えてもらえる。

匿名求人は、人材紹介会社だけが握っている、掘り出しもののスペシャル求人の印といえるかもしれない。

推薦求人サイト

莫大な数の求人サイトの中から、価値あるものを自力で見つけだすのは大変だ。そんな手間を省くために、私が厳選し、実際に使っているサイトを以下に紹介するので、参考にしてもらいたい。

[en] 社会人の就職情報

http://www.en-japan.com/employment/

常時250社・1000件以上の求人を掲載しているほか、匿名で履歴書を公開し、紹介会社からのスカウトを待つことも可能。[en] 社会人の就職情報のメールマガジンは高い人気を誇り、読者は8万人をこえる。

人材バンクネット

http://www.jinzai-bank.com

人材紹介会社の集合サイト。全国82社、117事業所の人材紹介会社の情報を掲載。「希望する業種や職種に強い会社」「人材アドバイザーのプロフィールで選ぶ」など、自分にあった人材紹介会社を選べる。

DaiJob.com

http://www.daijob.com/

1700件あまりの求人情報を掲載。条件を指定して検索すると、当てはまる求人のほか、希望に沿った求人を持つ人材紹介会社も表示されるサイト。外資系、ネットベンチャー、ITなど、専門の転職チャンネルがある。

MidCareer.com

http://www.midcareer.com/

国際的な仕事をめざす人のサイト。応募条件にある英語力は、日常会話からネイティブレベルまで幅広い。求人の中心は日本の外資系企業だが、日本企業の国際部門や海外勤務が前提の求人も探せる。

Sim-Career

http://job.rnet.or.jp/CM/

氏名や勤務先など本人と特定できる情報を公開せずに転職活動ができる「匿名転職シュミレーションサイト」。私は時折、登録者のキャリアを登録して、彼らを欲しがる企業を探すのに利用している。

日経BPエキスパート

http://www.nikkeibp-expert.com/

ITプロフェッショナルとエンジニアのための転職情報サイト。求人は、業種・職種などの6つの条件でしぼり込めるほか、キーワード検索も可能。ビジネススマン向けの市場価値測定テスト（所要時間10分）もある。

リクナビキャリア

http://career.recruitnavi.com/

毎週水曜更新、情報掲載件数は常時1万件以上で、膨大な求人の中から、自分にあった求人を検索できる。この掲載件数の多さが売りのサイト。リクルート発行の求人誌「B-ing」と連動している。

社団法人日本人材紹介事業協会

http://www.jesra.or.jp/

日本で唯一、労働大臣の許可を得ている人材紹介事業者団体の公式ホームページ。職業紹介事業者262社が加盟する。会員事業所の情報のはか、求職者や求人企業からの相談に答えるコーナーもある。

転職活動には無料のアドバイザーを活用しろ

面接の日に、急な仕事が入った。会社にはもちろん、

「今日は面接があるので、帰らせていただきます」

とはいえない。応募先に変更の連絡を入れるしかないのだが、これが2、3度続くと、

「採用に不利になるのではないか」

と、不安になる。


求人広告を見て、企業に面接の申し込みの電話をする時も緊張する。敬語の使い方は間違っていないか、電話での印象は悪くないかと、すでに選考が始まっている気がする。このように、転職活動にはわずらわしいことが多い。


そこで最近では、これらの面倒な作業を、人材紹介会社に依頼する人がいる。転職雑誌を片手に訪れ、

「この求人に応募したいんですが……」

と、人材紹介会社を通してアプローチするのだ。


あるいは、入りたい企業が決まっていて、その企業の情報が欲しいという依頼もある。

もちろんOKである。人材紹介会社には、こういう使い方もある。

人材紹介会社は、面接や試験以外の部分すべてを請け負う。面接の変更にしても、コンサルタントが人事担当者に電話をして、

「今日はこういう理由で面接にはこれませんが、入社したいという意欲は強いので、よろしくお願いします」

といって、新しい面接日を設定してくれる。人材紹介会社を通したからといって、悪印象を持たれることはない。その他にも、給料の交渉などいいづらいことも代理でやってもらえる。

募集を出していない企業にアプローチすることも可能だ。あなたにいいキャリアがあれば、売り込むこともできる。

また、企業を紹介する時には、人事担当者のクセや面接での評価ポイントなど、人材紹介会社でなければ手に入らない情報も提供できる。取り引きの深い企業であれば、これまでに何人も人材を送り込んでおり、どんなタイプが合格し、どんな人が落とされるかもわかっている。

これからの時代、転職活動はひとりでするものではない。無料の転職アドバイザーを味方に、共に戦う時代がきたのである。

人材紹介会社が企業を紹介する仕組み

「人材紹介会社に登録してみたが、半年以上連絡がない。こんなものなの？」

ある人材紹介会社に登録した30歳の男性は、書店販売員から出版社の営業職への転職を希望していた。

ところが半年以上たっても、人材紹介会社から連絡がなかった。これは残念ながら、彼には市場価値がなかったということだ。

登録者の中で市場価値がある人材は、正直いって3分の1程度しかいない。あとの3分の2は、企業とコンタクトをとっても面接までにいたらない。すべての登録者に仕事を紹介することは不可能だ。

力になれなくて申し訳ないのだが、特別な条件を出しているわけでもないのに、3ヶ月以上連絡がなければ、今の自分には紹介してもらえる仕事はないと考えてほしい。転職先をさがすよりも、スキルアップに励むべき、ということだ。

ただし、求人が少ない業界や職種の場合は別だ。今は求人はないが、数カ月後には入る可能性がある。

人材紹介会社は、求人スペックが届くと、新しく登録した人から声をかけていく。転職の意欲が強く、最新のキャリアがわかるからだ。人柄についても、会ったばかりなので記憶に残っている。

1年以上さかのぼって、声をかけることは少ない。それは、登録されている情報が古くなっているからだ。もう一度、経歴について聞かなければならない。

もしも、あなたが人材紹介会社に登録して1年たち、それでもいい転職先が見つからなかったら、再登録することを勧める。もう一度、今のキャリアで職務経歴書を書き、新しい番号で登録してもらうのである。

特に若い人の場合、優秀な人材だが、経験が足りなくて採用に至らないことがある。最初に登録した時には、キャリアが1年しかなかったためだったが、今は2年のキャリアがあり、仕事の幅の広がったとなれば、採用の可能性は高くなる。

また20代では、25歳以下という第2新卒に求めるキャリアと、20代後半に求めるキャリアには差がある。3年前に書いた職務経歴書など、何の役にも立たない。

1年ごとにキャリアの棚卸しをして、キャリアの現状を知る意味でも、この作業には意味がある。

登録から内定までの平均的スケジュール

人材紹介会社に登録してから、転職先が決まるまでには、たいてい2、3ヶ月かかる。真剣に転職をしようと思うなら、登録は在職中に済ませておくべきだ。

ちなみに、人材紹介会社を利用する場合、登録から転職先が決まるまでの平均的な流れは、以下のようになる。

①登　録

人材紹介会社に行き、登録をする。履歴書や職務経歴書を提出し、希望条件を人材コンサルタントに伝える。これからのキャリアアッププランについてアドバイスを受けることもある。

②内部審査

人材紹介会社の中で、登録者の適性や能力が判断され、紹介できる企業があるかどうかを調べる。

③登録者に企業を紹介

応募の意志が固まったら、応募書類を企業に提出する。人材紹介会社は、登録者の推薦状を作成し、企業にアピールする。

④面接前のアドバイス

紹介会社によっては、面接が決定した時点で、模擬面接をしたり、面接対策のアドバイスをすることがある。

⑤企業面接

紹介された企業の面接を受ける。2～3次面接まであるのが普通だ。

⑥採　用

登録者と企業が合意すれば、採用が決まる。入社後の給与などの条件交渉は、紹介会社が代行してくれる。

⑦アフターフォロー

在職者に対して、スムーズな退職の仕方をアドバイスしてくれる紹介会社もある。

⑧入　社

入社後にも、企業や登録者の相談にのってくれる人材紹介会社もある。

人材紹介会社は身近な存在になった。そのうま味や使い方を理解して、転職の手段として大いに活用してほしいと思う。

正社員になれる人材派遣制度を利用する

2000年12月、テンプ・トゥ・パーム（Temp to Perm）が始まった。紹介予定派遣ともいい、派遣会社が今後の事業の柱にしようとしている制度だ。
テンプ・トゥ・パームとは、派遣期間が終了したら正社員として紹介されることを予定した派遣制度である。登録者には、派遣として働くことで、経験のない職種や業種を〝試着〟した後に、正社員として働けるメリットがある。「興味はあるけれど、自分にできるのか、合っているのかわからない」という人には、その不安が軽くなるシステムといえよう。

アメリカでは、すでに広く普及しているシステムだ。派遣期間中に、求職者はその企業や仕事が自分に合っているかを判断でき、企業も求職者の能力を見極めることができるため、雇用のミスマッチの解消策として注目されている。手順は、次のとおりだ。

①一定期間、派遣スタッフとして就業する（派遣会社との雇用契約）
②派遣期間終了後に、派遣先より求人条件の説明があり、双方の意志確認を行う
③自分・求人企業ともに条件が合えば、正社員（又は契約社員）として企業に就職する

紹介予定派遣の派遣期間中は、労働者派遣法により派遣がなされる。以前は、派遣できる職種は26業務に限られていた。しかし、法律改正により、99年12月からは原則自由化された。

医師や看護婦といった特別な職種を除く、ほとんどの仕事が、派遣でできるようになったのだ。人事や経理の仕事から、セクレタリー、マーケティング、バイヤー、金融商品開発、ＩＴコンサルタント、特許など、企業の管理部門経験者から一般事務まで、さまざまな職種がある。

ただし、この制度を利用したからといって、確実に正社員になれるわけではない。要は長い採用試験のようなもので、派遣期間中に自分が会社に貢献できる人間であることをわからせる必要がある。

もちろん、企業が「採用したい」といっても、自分が「この会社で働くのはちょっと……」と思ったら、断わることもできる。

派遣期間は全職種1年以内で、それ以上の派遣期間の延長更新は認められていない。つまり、1年たったところで、企業に「あなたを社員として採用しません」といわれたら、派遣社員としてもその企業で働くことはできない。

つけ加えると、派遣社員は正社員より給料が安い。現在、正社員として働いている人は、

派遣で就けるおもな仕事

・ソフトウエア開発　・機械設計
・放送機器等操作　・放送番組等演出
・事務用機器操作　・通訳、翻訳、速記　・秘書
・ファイリング　・調査　・財務処理
・取引文書の業務　・デモンストレーション
・添乗業務　・建築物清掃業務
・建築設備運転、点検整備
・案内・受付、駐車場管理等　・研究開発
・事業の実施体制の企画・立案
・書籍等の制作・編集　・広告デザイン
・インテリアコーディネーター　・アナウンサー
・OAインストラクター　・テレマーケティング営業
・セールスエンジニア
・放送番組等における大道具・小道具等
など、下記の派遣禁止業務を除く全ての業務

派遣禁止の仕事

・港湾運送　・建設　・警備
・医師、歯科医師、薬剤師、保健婦、助産婦、看護婦、栄養士、歯科衛生士、診療放射線技師、歯科技工士等による医療・診療行為の業務
・物の製造の業務（労働省令で定めるもの）
・人事労務の使用者業務等

かなり収入が下がることを覚悟してほしい。しかし、これらのデメリットを差し引いても、未経験の仕事への職種転換の可能性が広がったという意味で、その価値は大きい。

この制度は、若い女性と中高年層を中心に広まっていくだろう。男性に比べると、新卒の女性は就職率が低い。正社員になりたくてもなれなかった彼女たちにとって、派遣から正社員になる道が開かれることは朗報だ。テンプ・トゥ・パームは、新卒や第二新卒でも利用できる。すでに学校を卒業していればＯＫだ。即戦力となるスキルを身につける実務研修を受講させた後に派遣で就業する制度を、紹介予定派遣のひとつのサービスとして行う派遣会社もある。

また、「中高年層は使いにくい」「大手で長年働いた人は仕事ができないのではないか」と、これまでは、中高年というだけで、個人の能力を見ることなく、彼らを敬遠する企業が多かった。彼らの豊富な人脈に期待するところはあっても、リスク回避を選んできた。

しかし、この制度を利用すれば、企業はその人を試用することができる。使えない人材なら断わればいいという気楽さから、豊かな経験と人脈を持つ中高年層を活用しようという動きが出てくるだろう。

また、中高年層には「給料は安くてもいいから、仕事がしたい」という人が大勢いる。企業はそういう人をターゲットにするだろう。

第一関門を突破する職務経歴書を書くポイント

応募書類には、「会って話を聞きたい」を思わせる説得力がなければいけない。そのためには、自分のキャリアや人間性、入社への意欲などを、わかりやすく簡潔にまとめることが、必須条件になる。

そして職務経歴書は、履歴書のようにフォームが決まっていないので、応募者の工夫によって、そのアピール度に差が出る。

人事担当者は大量の応募書類に目を通す。彼らの目にとまる職務経歴書は限られており、それらには、いくつかのポイントがある。

①A4サイズに横書きで書く

書式に決まりはないが、人事担当者にファイリングの手間をかけさせないために、A4サイズが適当だ。また、横書きは数字が入れやすい。

②1~2枚にまとめる

キャリアを詳細かつ具体的に書くことは大切だが、あまり長いとまとめる力がないと思われる。ただし、B5サイズ1枚ではPR不足であり、あなたの魅力を十分に伝えられる量とは思えない。キャリアが少なければ、キャリアにかわるものを書き込むことで、Ａ４サイズ１枚程度にはなるはずだ。

③手書きよりワープロ

きれいに仕上がり、読みやすいからだ。ただし、変換ミスには注意する。

④箇条書きで書く

「私は」という一人称は不要である。

⑤数字を効果的に使う

数字はキャリアを具体的にイメージさせる。「平成13年度営業成績：目標額に対し１２０パーセント達成（全社10位）」「新規顧客20件開拓」といった数字を盛り込むことで、あなたの能力を印象づける。

⑥アピール部分を強調する

強調したい部分は太字（ゴシック体）にしたり、下線をひくことで、あなたの有能さを伝えやすくする。また、読みやすくもなる。スマートな印象を与え、プレゼンテーション能力もアピールできる。

⑦20パーセント程度の余白がある

文字がぎっしりつめこまれた職務経歴書は読みづらい。適度な余白を作り、見やすいフォーマットを心がける。

未経験者は、書類選考で落とされる可能性が高い。応募書類に書けないあなたの魅力を面接で伝えるためにも、ポイントを押さえた職務経歴書で、第一関門を突破することに、まずは全力投球すべきだ。

未経験者用職務経歴書の基本フォーム

職務経歴書には、3つの基本フォームがある。編年式、キャリア式、欧米式である。自分で工夫する場合にも、これらをベースに書くと書きやすいし、人事担当者も読みやすいものができる。

編年式とは、時系列に業務内容をまとめていく、仕事の個人史、年表である。書きやすくポピュラーなフォームだが、ベーシックな形式であるぶん、アピールしたいことは別項目を立てるなどして強調しないと、面白味のない職務経歴書になりやすい。

年月を見出しに、学校を卒業してから現在までの職務内容を、入社、配属、異動、実績などの項目ごとに、時系列で並べていく。担当した仕事においてどんな役割を果たし、どんな部分を任され、誰と、どんな実績を残したかを、数字などを用いて具体的に書く。

職務経歴だけではなく、資格や社内での受賞歴、ＴＯＥＩＣの点数など、自己啓発の姿勢を示す材料を書き込むことで、仕事への意欲を伝えることも大切だ。志望動機や退職理由の欄を設けるのもいい。

キャリア式は、職務経歴をキャリア別にまとめるスタイルだ。自分のキャリアを一目で理解させることができ、アピール度の高いフォームである。

技術系ならプロジェクトごとにまとめる。その際、プロジェクトの人数や期間、役割、使用機種、ＯＳ、言語を書き添え、規模や技術を伝える。キャリアごとにまとめるので、転職回数が多かったり、何度も職種転換していてもわかりづらく、ウィークポイントを分散させるフォームでもある。

また、特許や実用新案、マネジメント経験などがあれば、それらも書き添える。未経験者がこのフォームを使う場合は、いかに今の仕事における自分のキャリアが素晴らしいものであるかを強調するとともに、希望職種と関連深い項目を目立たせる工夫をすれば、魅力的な職務経歴書になる。

欧米式は、外資系の職務経歴書フォームの日本版だ。前の2つに比べて、市場に出回っていることは少なく、目立つフォームである。

（営業マンから人事マンになった浅野さんの職務経歴書）

余白取りをし、見やすいフォーマットを作る

職務内容が企業機密に関わったり、取引先の会社名を明らかにできない時は、「某新製品」「某企業向け」という表現を使う

2000年4月　**・入社後初の査定で、A評価を獲得する**
・2000年度入社新入社員教育担当者となる
8月　・営業力強化のためのフォローアップ研修を行う
・支店内ネットワーク構築及びPC環境構築
・PC9台のLAN構築。サーバ、クライアントのセットアップ
12月　**・2000年度支店内受注件数第2位を獲得（営業担当8名中）**
・2000年度売上／3億9,055万円
・主要担当クライアント／大手電気メーカー、外資系情報企業
・コンサルティング企業

志望職種につながるキャリアをまとめ、即戦力として使える人材であることをアピールする

〔自己PR〕

人材サービス業での3年間で、人を見る目やカウンセリングスキル、人材サービスに関する知識を身につけました。また、営業経験で身につけたコミュニケーションスキルと問題解決能力、ヒアリングスキルもあります。これらのスキルを活かして、人事スタッフとして活躍したいと考えています。

〔PCスキル〕

大学ではコンピューター会計論を履修。Excelのマクロを使った中小企業の給与計算システムを作る。会社では、社内ユーザーサポート及びネットワーク管理者を務めた。

〔ホームページ〕

ニュースやエンタテイメント情報を採点するサイト「週刊newsレビュー」を発行
http://www.ne.jp/○○○/△△△/○○○

資格やTOEICの点数、PCスキルを書き込むことで、自己啓発の姿勢や仕事への意欲の高さを伝える。ホームページを開いているならばアドレスを書き、企画力やプレゼン力をアピールする

〔資　格〕

実用英語検定2級、TOEIC650点

〔定期購読誌〕

日経パソコン、日経コンピュータ、情報ストラテジー、MobilePCなど。

—2—

編年式のポイント

入社、配属などの項目ごとに見出しを立て、職務経歴を時系列でまとめる

職務経歴書

日付けは提出・発送した日を入れる

2001年 6 月20日
浅野　芳正

押印は必ずしも入れる必要はない

1998年4月　（株）太陽スタッフ・サービス
　事業内容／人材派遣会社
　従業員数／350名
　1998年5月　4週間の新人社員導入研修後、東京本社営業部に配属

　7月〜10月　法人企業を対象に、人材派遣サービス利用の新規開拓営業活動を行う

主語は省略し、箇条書きでまとめる

・飛び込み営業／1日30件
・派遣スタッフ登録時の採用試験、インタビューを実施（以後3年間定期的に実施）
・担当エリア／東京都港区、新宿区
・新規開拓件数／25件

　10月　**新人営業報告会にて、受注件数・訪問件数3位**
・受注件数／38件
・訪問件数／3,005件
・支店内パソコンのメンテナンスを任される
OS、ハードウェアの障害、アプリケーションのバージョンアップの対応
使用OS：Windows機5台、Mac4台
ソフトウェア：Word、Excel、PowerPoint、Access、FileMaker

担当業務において、どんな役割をはたし実績を上げたかを、数字等を使ってわかりやすく表現する。有能さをアピールすることで、ポテンシャルの高さを伝える

　12月　・98年度売上／5,600万円
・主要担当顧客／総合商社、広告代理店、建設など

1999年12月　**・99年度支店内受注件数、第2位を獲得（営業担当8名中）**
・97年度売上／2億8,000万円
・担当エリア／東京都港区、新宿区、中央区
・主要担当クライアント／大手通信メーカー、マルチメディア関連など

アピールしたい部分は、ゴシック体にしたり、下線を引いたりして目立たせる

—1—

（事務職からのセクレタリーになった秋山さんの職務経歴書）

> 項目をたてて、キャリアの中身が一目でわかるようにする

〔職務内容〕

①秘書的業務

・ワードによるレポート作成
・月末にエクセルでセールスフォーキャストを作成
・週末にエクセルで受注・納入状況を集計
・海外との電子メールの送受信
・パワーポイントによるプレゼンテーション資料作成
・海外及び国内出張の手配

> 担当業務において、どんな役割をはたし実績を上げげたかを、数字等を使ってわかりやすく表現する。技術系ならば、プロジェクトごとにまとめる。業務内容だけではなく、チームの人数や期間、自分の役割を具体的に書く。特にアピールしたい部分は、グラフを入れたり太字にして強調するのもよい

②経理関係

・現金管理（小口現金、銀行勘定）
・支払い業務
・買掛金の管理
・売掛金の管理

> 主語は省略し、箇条書きでまとめる

③塾講師関係

・小学生の国語と算数の授業を担当

> 志望動機と関連のないキャリアは、会社名や所属部署、在籍期間程度の簡単な記述にとどめる

〔資　　格〕

・TOEIC550点（600点レベルに向け、勉強中です）

> 資格は希望職種に関連のあるものを書く。勉強中の資格を書くと「やる気の証拠」になるが、2つ以上書くと説得力がなくなる

〔パソコンスキル〕

・Excel、Word、Access、PowerPoint

—2—

キャリア式のポイント

職務経歴書

日付けは提出・発送した日を入れる

2001年6月10日
秋山奈津子

押印は必ずしも入れる必要はない

〔希望職種〕 セクレタリー

営業事務の業務は、上司が使うプレゼン資料の作成や海外との電子メールのやりとりなど秘書の仕事に直結する内容であり、最近、英語の勉強も始めました。また経理経験もありますので、経営的視点をもって仕事にあたることもできます。上司の仕事の優先順位を考え、効率的にマネジメントする秘書というポジションで、これらの能力を活かしたいと考えています。

前職での経験が希望職種で活かせることを、志望理由とからめて書くと好印象

〔応募資格〕 2年間の秘書的業務の経験

〔職務経歴〕

1998年4月1日　○○株式会社入社 営業部に配属、営業事務担当
2000年5月15日　株式会社沢田義塾入社　講師（契約社員）
2000年9月1日　△△株式会社入社　経理部に配属

まず職務経歴を編年式でまとめ、それから職務内容ごとに整理する。希望職種に近いキャリアを頭に持ってくる

余白取りをし、見やすいフォーマットを作る

―1―

フォーマットは省略するが、まず最初に希望職種を掲げ、次に志望職種と関連の深い職務経歴の概略を書く。その下に、職務経歴を最近のものから書いていく。もちろん、仕事の実績は数字などを用いて、具体的にアピールすることは忘れない。

3つの中から、自分が好きなフォームを選べばいい。ただし、書き終えたら、次の3点を確認することだ。誰かに読んでもらうのもいい。

①やる気が伝わるものができたか

志望職種や業界に就くための資格取得の勉強をしているなど、やる気の証拠を盛り込んだか。

②高いポテンシャルを感じさせるか

ビジネスマンとしての有能さをアピールできたか。「経験年数のわりに中身の濃い仕事をしている」と思わせる作りになっているか。

③今までのキャリアの中で、即戦力になりうる部分をアピールできたか

志望職種と関連の深いキャリアを、わかりやすく目立たせる工夫をしたか。

これで、あなたの職務経歴書は関門を突破できる。

逆発想、経験者にはない「キャリア」で攻めろ

未経験者には、キャリアという武器がない。しかし、企業が求めるのは、武器そのものではなく、それを使って利益をあげられる人材だ。結果を出せる人材であることを伝える材料があれば、経験がなくても、不利になることはない。

たとえば、職種は変えずに業界を変える場合は、今までのキャリアに基づいた、高い専門性がアピール材料になる。扱う商品やサービスは違っても、仕事の進め方やノウハウに共通点は多い。担当した仕事について、どんな役割を果たし、成績を上げたかを、数字を使って具体的にまとめることで、それらの能力は伝わるはずだ。

業界は変えずに職種を変える場合は、業界知識をアピールできる。職務経歴書では、まずマーケットや商品に関する意見を簡潔にまとめる。そして、この市場分析力が希望する職種でどう活かせるかを明確にする。

この時、職務経験者とは違った視点を持てることをアピールすることが重要だ。また、業界で培った人脈も評価は高いので書き添えておく。

業界の経験も職種の経験もない場合は、ポテンシャルが重視される。今の仕事で、経験

年齢の割に中身の濃い仕事をしていれば、その評価は高い。経験者の職務経歴書と同様に、いかに自分のキャリアが素晴らしく、利益をあげられる人材であるかを、十分に伝えることだ。

また「あえて経験のない仕事を選んだ理由」を、はっきりさせることも重要になる。企業は、やる気を重視する。

やる気の有無で、入社後の成長率が大きく変わるからだ。職務経歴書では、やる気を証明するもの、たとえば業務に関連する資格を取ったとか、勉強をしていることを書き込むことで、熱意を伝えたい。そして、今までのキャリアの中で希望する仕事に関連するものを見つけ、それをどのように活かしたいと思っているかを、具体的に書くことで、説得力のある内容になる。

未経験者には、経験者が持っていない武器がある。それは、消費者やユーザーに近い、素人の視点を持っていることだ。

今までにない角度からビジネスを創造できる点では、経験者を大きくリードしているといえる。ハンデは逆手に取ることも可能だ

また、職務経歴書には、実績だけではなく、将来のキャリアプランを書き込むこともできる。将来的にはどんなことをしたいのか、そのために努力していることを書き込んで、

好印象を与えたい。

キャリアは捨てるのではなく、形を変えて活かす。これが、企業が注目する未経験者用職務経歴書を書くコツである。

履歴書はパソコンで書く時代

履歴書を書くのがめんどうだという声をよく耳にする。

「人事の目に触れるからていねいに書かなければいけない。でも、日頃パソコンに慣れている私たちにとって、あれだけの文字量を書くのって、面倒なんですよね。それに、履歴書って修正液を使えないでしょう。あともう少しで完成だという時に書き間違えて、履歴書を破り捨てることがよくあるんです」

そんな面倒な履歴書作成は、1枚だけでは済まない。たいてい決まるまでに数社〜十数社分を書かなければいけない。ひまな時にまとめて書いておけというマニュアル本もあるが、それもまた面倒だ。

そういう人には、パソコンで履歴書を作ることを勧める。履歴書のフォーマットを作って、中身もパソコンで打ってしまうのである。私は企業に呼ばれて採用試験に同席するこ

（営業職からウェブマガジン編集者になった平岩さんの履歴書）

年	月	学歴・職歴（各別にまとめて書く）

志望職種と関連するものを書く

年	月	免許・資格
平成5	11	実用英語検定2級合格
平成8	6	普通自動車第一種免許取得

履歴書全体のバランスを考えて、具体的かつ簡潔に書く

志望の動機、特技、好きな学科など	通勤時間
3年前に購入したパソコンをきっかけに、インターネットに興味を持ちました。現在、自分のホームページを開いており、アクセス数を増やす工夫や、人気サイトの研究は欠かせません。これらの経験や能力を活かし、貴社のウェブマガジンのたちあげに携わりたいと思い、応募いたしました。	約　時間 50 分
	扶養家族数（配偶者を除く） 0 人
	配偶者 ※有・無
	配偶者の扶養義務 ※有・無

本人希望記入欄（特に給料・職種・勤務時間・勤務地・その他についての希望などがあれば記入）

ウェブマガジン創刊の編集スタッフ職を希望いたします。

勤務地や職種など、譲れない条件を書く。あまり細かな待遇面は書かない方が無難。職種についての希望を中心にまとめる

保護者（本人が未成年者の場合のみ記入）ふりがな		電話
氏　名	住　所〒	

古紙配合率100%の再生紙を使用しています。　　日本法令　労務11-10

未経験者のための履歴書のポイント

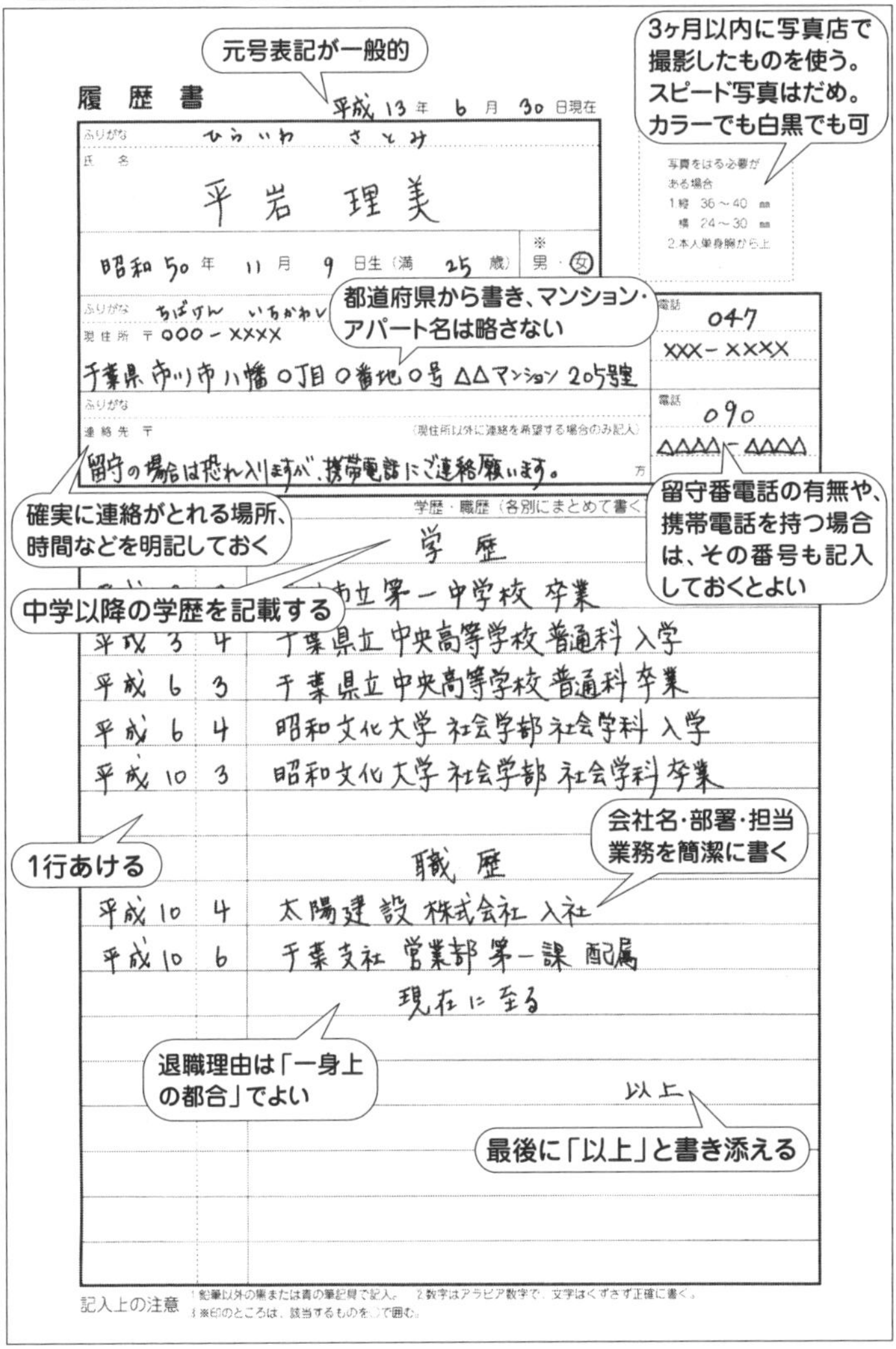

履 歴 書
元号表記が一般的
3ヶ月以内に写真店で撮影したものを使う。スピード写真はだめ。カラーでも白黒でも可
平成 13 年 6 月 30 日現在
ふりがな ひらいわ さとみ
氏 名
平岩 理美
昭和 50 年 11 月 9 日生（満 25 歳）
※ 男・女
写真をはる必要がある場合
1.縦 36～40 mm
横 24～30 mm
2.本人単身胸から上
都道府県から書き、マンション・アパート名は略さない

ふりがな ちばけん いちかわし
現住所 〒 OOO－XXXX
千葉県市川市八幡O丁目O番地O号 ΔΔマンション 205号室
電話 047 XXX－XXXX
ふりがな
連絡先 〒
（現住所以外に連絡を希望する場合のみ記入）
電話 090 ΔΔΔΔ－ΔΔΔΔ
留守の場合は恐れ入りますが、携帯電話にご連絡願います。
留守番電話の有無や、携帯電話を持つ場合は、その番号も記入しておくとよい
確実に連絡がとれる場所、時間などを明記しておく
方

学歴・職歴（各別にまとめて書く）
中学以降の学歴を記載する
学 歴

市立第一中学校 卒業
平成 3 4 千葉県立中央高等学校 普通科 入学
平成 6 3 千葉県立中央高等学校 普通科 卒業
平成 6 4 昭和文化大学 社会学部 社会学科 入学
平成 10 3 昭和文化大学 社会学部 社会学科 卒業
1行あける
会社名・部署・担当業務を簡潔に書く

職 歴
平成 10 4 太陽建設 株式会社 入社
平成 10 6 千葉支社 営業部 第一課 配属
現在に至る
退職理由は「一身上の都合」でよい
最後に「以上」と書き添える

以上

記入上の注意
1.鉛筆以外の黒または青の筆記具で記入。 2.数字はアラビア数字で、文字はくずさず正確に書く。
3.※印のところは、該当するものを○で囲む。

とがあるが、最近では、５人に１人はパソコンで作った履歴書を提出している。手書きではないからといって、企業はマイナス評価しない。逆にやり方によっては、高い評価を得られる場合もある。

自分がアピールしたいものを書き込む欄を、新たに設けるのである。購読新聞欄を作るのもいい。

市販の履歴書だと空きが多くなる取得資格・免許欄を小さくすれば、それくらいのスペースはとれる。

ただ、基本的には、市販の履歴書のフォーマットをベースにしてほしい。企業は一度にたくさんの履歴書に目を通す。

あまりフォーマットが違うと読みにくい。学歴欄がなかったり、本人の希望欄がなかったり、絶対に必要な欄を省略するのは論外だ。基本的には、履歴書にある情報は、すべて企業が知りたい情報だからだ。

字がうまい人は、それをアピールするために、手書きで書いたほうがいい。しかし、そうではない人は、パソコンで十分だ。パソコンが筆記用具代わりの時代である。オフィスで手書きが求められる機会は、ほとんどない。字がうまいより、パソコンスキルがあるほうが企業には喜ばれる。

他にやるべきことはたくさんある。面倒な作業は少しでも省略したほうがいい。履歴書や職務経歴書の用紙をダウンロードできるサイトもある。

4章●

ドラマチックなビジネスライフのすすめ

成功するキャリア地図の描き方

「好きな仕事」を面白くて稼げる仕事にするには

もしも、目指す業界や職種に転職できたとしても、そこはゴールではない。そのままキャリアを積めば、もっと面白くて、やりがいがあって、収入もいい仕事にステップアップできるからだ。

だが、戦略も作戦も練らずに、目の前の仕事をこなすだけでは、どこにもたどり着けない。目まぐるしく変わる人材市場を、迷子にならずに、最短距離で進むための地図が必要になる。

そこで4章では、職種ごとに、キャリアアップの地図を描いてみた。未経験者がその職種につく第一歩を踏み出す方法から、キャリアの別れ道やステップアップルートの紹介、身につけるべきキャリア、目標にすべき面白い仕事の中身までをまとめた。

以下は、どの職種でも共通するキャリア地図作りのポイントである。まずは、基本を押さえてから、話を進めたいと思う。

①担当業務や職種の周辺にまで目を配り、ある程度の幅をもってプランを組む

若いうちは、自分の適性を把握するのが難しい。経験や知識も十分ではない。早くから限定してしまうと、せっかくの可能性をつぶしてしまうことがある。職種重視でいくのか、業種重視でいくのかなど、本当にキャリアの方向性を限定するのは、ある程度の年齢に達してからでいい。また、その職種や業種が、今後伸びる可能性があるのかどうかを、見極めることも重要である。

②会社を利用するという意識を持つ

キャリアに優先順位をつけ、仕事を選ぶ。ただ、専門知識やスキルに固執しすぎると、転職のチャンスやキャリアアップの幅を狭めることにもつながるので、注意が必要だ。

③若いうちに、コミュニケーション能力や対人折衝能力を鍛える

若手を採用しようとする企業の多くは、この2つの能力を重視する。キャリアが少なくて評価の対象にならないということもあるが、この能力が、最終的にどんな職種においても強みになることを知っているからだ。実際、面白くてレベルの高い仕事をしている人は、若いうちにこうした能力を身につけている。

④仕事上の相談相手を持つ

若い人は、まだ自分が見えていない。同じ職種や業種の先輩のアドバイスは、自分を知る材料になるし、経験から導き出される意見には、信ぴょう性がある。

⑤年に一度、キャリアの棚卸しをする

この1年間に、自分はどんな業務をこなし、成果をあげてきたのか。自己啓発に取り組んだとか、新しい提案をしたといったことを箇条書きにする。そして、自分の成長度をはかる。そして、やりたいこととできることの交差部分を中心にプランを組む。

こういったポイントを押さえることで、地図の精度はアップしていく。

[営業・マーケティング系キャリア地図]●外資系で〝最先端〟を学べ

ものが売れない時代になって、マーケティングのプロの需要は、あらゆる業界で高まっている。特に金融業界でのニーズが高い。金融ビッグバンにより、どこも個人向け金融商品の開発に必死だからだ。

「消費者に商品をどう認知させるか?」

「個人の購買意欲を高めるにはどうすればいいのか?」

この業界には、個人向け商品のマーケティング経験者がいない。個人の消費動向をつかんだコンシューマー・マーケティングの経験者は、引く手あまただ。

この春、消費材メーカーでブランド・マネジャーをしていた川田潤一郎さん(35歳)は、投資信託会社のマーケティング部門へ、年収1000万円+パフォーマンス・ボーナス3

００万円という条件で転職した。この金額は、特別高いわけではない。こういったケースでは、年収１０００～１５００万円程度で迎えられるのが普通だ。

川田さんは大学卒業後、広告代理店に入社し、顧客の広告・広報活動を中心としたマーケティング活動をサポートする仕事を5年間経験した。扱った商品は、食品やシャンプーといった消費材が主で、一つひとつの商品について、パッケージ・グッズの新製品開発から、広告・宣伝活動まで、すべてのマーケティング活動に対するサービスを提供した。

「宣伝だけではなく、商品全体をマネジメントしてみたい。自分でひとつの商品を持って育ててみたい」

次第にそう思うようになった彼は、外資系メーカーのブランド・マネジャーへ転職することにした。

ブランド・マネジャーとは、メーカーが持つ商品のひとつのブランドについて、すべての権限と責任を持つポジションだ。たとえば、ヘアケア用品ブランド「デジャヴュ」という商品を担当する場合は、収益の管理や市場調査・分析や、販売促進、マスコミ媒体を使った広告宣伝など、販売戦略のすべてをひとりの人間にまかされるということだ。現場も見れるし、やりがいも大きく、営業やマーケティングからのステップアップ目標にふさわしい仕事といえよう。外資系の場合、30代前半から40代前半の間に就くのが一般的で、年

営業・マーケティング系キャリア地図（社内版）

「国内企業の営業部　初級スタッフ」

経験年数:2年程度（22〜24歳）

平均年収:350〜400万円

「マーケティング部門　初級スタッフ」

2、3年営業を経験してから異動する。営業企画や販売促進計画業務のアシスタントを担当する。

経験年数:3年程度（23〜28歳）

平均年収:350〜500万円

「マネジャークラス」

ひとつのブランドについて、商品企画や市場調査・分析、営業戦略の立案、広報宣伝、販売促進活動をこなす。キャリアを積んで役員になると、年収は1200万円になる。

経験年数:6〜8年程度（28〜36歳）

平均年収:500〜700万円

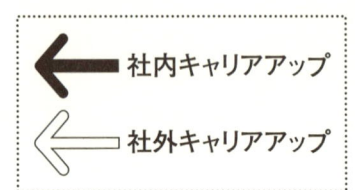

社内キャリアアップ

社外キャリアアップ

「外資系企業の営業部　初級スタッフ」

経験年数:2年程度(22〜24歳)

平均年収:350〜400万円

↓

「マーケティング部門　初級スタッフ」

1、2年を経験してから異動する。商品あるいはブランドごとに分かれたチームのひとつに所属し、商品企画や市場調査・分析、営業戦略の立案、広報宣伝、販売促進活動のうち、業務の一部を担当する。

経験年数:3年程度(22〜27歳)

平均年収:400〜550万円

↓

「アシスタント・ブランド・マネジャー」

商品企画や市場調査・分析、営業戦略の立案、広報宣伝、販売促進活動のうち、ひとつを予算管理から任される。

経験年数:6〜8年程度(26〜35歳)

平均年収:600〜800万円

↓

「ブランド・マネジャー」

担当ブランドや商品について、すべての権限と責任を持つ。業績次第で、さらに売り上げの大きい商品のブランド・マネジャーになることもある。

経験年数:4〜10年程度(32〜45歳)

平均年収:900〜1500万円

↓

「マーケティング・ディレクター」

ブランド・マネジャー数人をまとめる立場。企業全体の戦略における、それぞれのブランドの役割を考え、的確な指示を与えていく。キャリアを積み、営業・マーケティング統括役員にステップアップすると、年収は1800万円以上になる。

経験年数:5〜15年程度(40歳以上)

平均年収:1600万円以上

収1000万円を超えるのもめずらしくない。

ちなみに、ブランド・マネジャーなどマーケティングの世界では、商品の知名度と売り上げの成績が、その人の値段を決める。有力商品を担当していたのであれば、それだけ任される責任も重く、社内での評価も高いことを表すからだ。ホームページの中身を企画・制作を担当したキャリアや、プレスリリースや、イベントの企画・実施、パッケージやPOPの企画と制作の経験も評価が高い。

未経験者がマーケティング関係の仕事を目指す場合、まずは1、2年の営業経験が必要になる。それは営業という仕事が、ユーザーや消費者、販売担当者の生の声に接する機会が多いからだ。生の声に接した経験がなければ、売れる仕組みは作れない。

営業経験を積んだら、次は外資系企業のマーケティング部門を狙う。マーケティングのプロを目指すなら、外資系に入るのが一番だ。日本はマーケティング後進国である。営業部の一部という位置づけがなされているところが多く、いまだ販売促進補助の域を出ない。営業企画や販売促進計画のアシスタントレベルからのスタートとなってしまう。

一方、外資系企業のマーケティング部門は、重要な戦略ポジションとして位置づけられており、売れる商品の企画から売れる仕組みの構築までがトータルに扱える。マーケティング部門に配属されたら、商品やブランドごとに分けられたチームのひとつに配属され、

営業・マーケティング系キャリア地図（転職版）

外資系企業アシスタント・ブランド・マネジャー

↓

ブランド・マネジャー

↓

マーケティング・ディレクター

↓

「進出外資系企業の日本法人経営トップ」
新たに進出してきた外資系の日本法人の社長としてスカウトされるのは、圧倒的に営業とマーケティング職である。
転職適齢期：40代
転職時の平均年収：1500～5000万円

「広告代理店の営業スタッフ」（→ 外資系企業アシスタント・ブランド・マネジャー）
クライアントの宣伝・販売促進戦略に立案から携わり、商品企画に関わることもあるAE（アカウント・エグゼクティブ）は、経験の中身次第でアシスタント・ブランド・マネジャーやブランド・マネジャーに転職することも可能。
転職適齢期：22～32歳
転職時の平均年収：400～650万円

「外資系企業やベンチャー企業」（外資系企業アシスタント・ブランド・マネジャー →）
マーケティング職は、年収やポジションをアップさせるために転職するのが一般的。一般消費材を担当した経験があれば、異業界転職も可能。また、ベンチャー企業ならば、日本企業でもマーケティング職を専門職と位置づける企業が多い。
転職適齢期：28～35歳
転職時の平均年収：700～1000万円

「金融機関へ転職」（ブランド・マネジャー →）
個人向け金融商品部門を強化するために、一般消費材のマーケティング経験者を採用するケースが増えている。
転職適齢期：40歳前後
転職時の平均年収：1000～1500万円

市場調査や商品企画、販売促進、広報宣伝、流通戦略の立案などを、徐々にまかされていく。そして、これらの業務を予算策定から任されるアシスタント・ブランド・マネジャーになったら、次はいよいよブランド・マネジャーだ。

ブランド・マネジャーは人気の高い職種であり、ここまでステップアップするには、そうとう努力が必要だ。しかし、途中のキャリアをパスして、ブランド・マネジャーへワープする方法がある。

営業やマーケティングの知識を身につけたら、思いきってビジネススクールに留学し、ＭＢＡ（経営学修士）を取るのだ。専攻は、もちろんマーケティングである。ＭＢＡの取得者は日本ではまだ少なく、どんな求人であれ、採用候補の上位リストに置かれることは間違いない。

ちなみに営業のキャリアは、業績を上げられれば、経営トップへの道も開けている。進出してきた外資系の日本法人の社長としてスカウトされるのは、圧倒的にこの職種である。外資系が日本でマーケットを開拓しようとする場合、最初に必要なのは日本の市場や流通を熟知している人材だ。そして、こういった知識を持っているのは、営業で高い成績を上げたり、業界における幅広い人脈を持っている人材である。彼らがヘッドハンティングされる場合、40代で年収１５００～５０００万円という待遇で迎えられるのが一般的だ。

【経理・財務系キャリア地図】●転職がステップアップの最短コース

我が社に寄せられる求人で最も多いのが、経理職と人事職である。きちんとしたキャリアを持った人材は、私自身、のどから手が出るほど欲しいし、企業もまた同様だ。

今どき、何の経営問題もかかえていない企業などない。どこでも、数字を読んで企業の現状や問題点をつかみ、経営を建て直す戦略を立てられる、経理・財務のプロを求めている。このニーズは、今後も高まることはあっても、低くなることはないだろう。

また、経理や財務職には、異業界でもキャリアがそのまま通用する強みがある。守備範囲が広いため、ステップアップのルートも多い。転職がキャリアアップの有効な手段になる職種だ。

社内でのステップアップを目指すなら、最終目標のひとつとして、CFO（Chief Financial Officer）が挙げられる。経理・財務に関わる最高責任者で、経営トップに対して事業計画の面で発言を求められることも多い。年収は2000万円を超えることもめずらしくない。

CFOは、50歳以上で就けるのが普通だ。しかし、30代後半でCFOになる方法がある。

経理・財務系キャリア地図（社内版）

「経理・財務部　初級スタッフ」

小口現金や売掛・買掛金の管理、月次・年次決算のアシスタント業務を担当する。また取引き先ごとの支払い条件やなどを把握し、金の流れや部署ごとの業務をある程度把握している。

経験年数：2～3年程度（22～25歳）
平均年収：300～400万円

「資金を担当する」

資金繰り、金融機関折衝、債権発行等、金融市場からの資金調達の手法を経験する。

経験年数：3～6年程度（27～34歳）
平均年収：450～650万円

「中級スタッフ」

予算管理など重要な経理業務を任される。月次決算を取り仕切り、年次決算はアシスタントレベルだが、全体を見渡すことはできる。

経験年数：2～3年程度（24～28歳）
平均年収：350～450万円

「財務企画／アナリスト」

トップマネジメントが経営判断に必要な財務分析、管理会計の実務を学ぶ。

経験年数：3～6年程度（27～34歳）
平均年収：450～650万円

「決算／税務を担当する」

年次決算や税務申告を取り仕切る。

経験年数：3～6年程度（27～34歳）
平均年収：450～650万円

「経理マネジャー」

国内外の関連会社を統合した連結決算をこなす。株式公開・上場企業ならば、有価証券報告書の作成やIR（投資家向け広報）を兼務する。

経験年数：3～6年程度（32～38歳）
平均年収：600～800万円

「関連会社経理部門責任者」

管理会計や資金繰りといった経理、財務全般業務を経験し、広い視野と知識を手に入れる。

経験年数：5～8年程度（35～45歳）
平均年収：700～1100万円

「関連会社財務責任者」

決算税務、管理会計や資金繰りといった経理、財務全般を経験し、広い視野と知識を手に入れる。

経験年数：5～8年程度（35～45歳）

平均年収：700～1100万円

「財務マネジャー」

資金計画/調達の実務がこなせ、M&Aや事業のリストラクチャリングにかかわる財務処理ができる。

経験年数：3～6年程度（32～38歳）

平均年収：600～800万円

「財 務 部 長」

経営の根幹に関わる政策を提言を行う。経営者と共に、資金の有効活用を図る。

経験年数：6～8年程度（42～50歳）

平均年収：1200～1600万円

「経営企画マネジャー」

予算管理や事業採算計画、リストラクチャリングの企画、新規事業案件の審査。ここでの実績は、役員へのキャリアパスとして重要。

経験年数：8～12年程度（32～45歳）

平均年収：600～1300万円

「CFO」

Chief Financial Officerの略。経理、財務、管理会計に関する最高責任者。

50歳以上

平均年収：1600～2000万円

「経営企画室長」

経営者と共に、経営企画全般をこなす。兼任で担当役員になると、年収は1600～2000万円になる。

経験年数：6～8年程度（42～50歳）

平均年収：1200～1800万円

「監査役・内部監査室長」

会社の内部で監査を任務とする機関である。経営に関するチェック、暴走防止等の監査を担う。

50歳以上

平均年収：1500～1600万円

「経 理 部 長」

経営者と共に、経理、財務全般の重要な政策を立案し実施する。

経験年数：6～8年程度（42～50歳）

平均年収：1200～1600万円

経理・財務系キャリア地図（転職版）

「中級スタッフ」

予算管理など重要な経理業務の一部を任される。月次決算を取り仕切り、年次決算はアシスタントレベルだが、全体を見渡すことはできる。

経験年数:2〜3年程度（24〜28歳）

平均年収:350〜450万円

「株式公開予定のベンチャー企業」

管理会計をこなしながら、経理経理、財務全般の業務を担当する。その後、株式公開準備スタッフになる。株式公開準備の補助をする。公開後は上司をサポートして有価証券報告書の作成やIR業務を学ぶ。

転職適齢期:26〜32歳

転職時の平均年収:450〜600万円

「経理・財務部長」

経営上の重要な政策の提案を図りつつ、有効な資金調達、運用を行う。

経験年数:5〜8年程度（32〜40歳）

平均年収:800〜1500万円

「税理士事務所」

20代で税理士試験5科目のうち2科目に合格して、転職するのが理想的。30代で税理士の資格を取得し、税理士になる（年収500〜800万円）。ここでキャリアを積み、人脈を築けば独立も可能。

転職適齢期:20代

転職時の平均年収:300〜420万円

「外資系企業」

外資系ならば30代後半で経理マネジャーのポジションが用意されるケースがある。経理・財務部長や役員、他の外資系やベンチャーへの転職でさらに上を目指す。TOEIC800点以上、米国CPAがあれば尚可。

転職適齢期:27〜35歳

転職時の平均年収:500〜1200万円

「監査法人・公認会計士事務所」

20代で公認会計士の2次試験に合格してから転職するのが理想的。30代で公認会計士の資格を取得し、勤務会計士になる(年収800〜1200万円)。その後、勤務する公認会計士事務所の共同経営者や独立という道もある。

転職適齢期:20代

転職時の平均年収:400〜600万円

「ベンチャー企業へ株式公開準備責任者」

経理・財務の執行役員として転職し、株式公開準備作業の責任者を務める。公開後はIR(投資家向け広報)を兼務し、事業計画を実現するための組織計画といった人事的な仕事もこなす。ここまでキャリアを積めば、経理・財務部長や役員、株式公開コンサルタントやIRコンサルタントなど、キャリアアップの道は多い。

転職適齢期:32〜42歳

転職時の平均年収:700〜1400万円

「経営コンサルティング会社」

経営戦略コンサルタントとして転職。経理、財務、経営分析の経験を活かして、コンサルティングを行う。その後は主席コンサルタントやパートナー、経営コンサルタントとして独立という道もある。MBA、CPA、TOEIC800点以上あれば尚可。

転職適齢期:30歳前後

転職時の平均年収:500〜1000万円

「CFO」

Chief Financial Officerの略。経理、財務、管理会計に関する最高責任者。

35歳以上

平均年収:1500万円以上

それは、経理の基本的な知識を身につけた後、ベンチャー企業に転職するのである。

ベンチャー企業や外資系企業は、実力があれば、年齢が若くても大きな仕事を任せることが多い。普通の数倍のスピードでキャリアアップが図れる。20代後半で転職すれば、30代後半でCFOになることも可能だ。

基本的な経理の知識を身につけたら、転職でステップアップを目指すコースもある。経営コンサルティング会社へ転職して、経営戦略コンサルタントになったり、監査法人や公認会計士事務所、税理士事務所へ転職するなど選択肢は幅広い。また、こうして外部でキャリアを積んだ後に再び企業に転職して、経理部長や株式公開の準備作業責任者になることもできる。

会計事務所に転職するコースを選ぶならば、20代で公認会計士の2次試験に合格して、会計士補として転職するのが理想的だ。採用されやすいだけでなく、以降のキャリア形成が着実に図れるからである。そして、入社後に3次試験に合格し、勤務会計士になる。会計士の資格を取得すると、仕事の幅が大きく広がるので、できるだけ早めに合格したい。

どのキャリアコースを選ぶにせよ、まずは、決算・税務業務、資金の調達・運用、予算管理・経営企画すべての業務をまんべんなくこなすことが基本になる。専門性やスペシャリティは大事だが、まずは一般的なベースとなる業務をこなした後で、スペシャリストの道を歩むのが、キャリアアップのベストな道だと私は思う。

そして、早い段階で、予算管理や事業採算計画など、数字を駆使した事業戦略を立案する経験を積む。これからの時代、最も需要が高まるのは、経営企画よりの経験を積んだ人材だ。30代でマネジャークラスにステップアップしたら、ぜひこのステージで実績をあげてほしい。役員へのキャリアパスとしても、ここでの実績は極めて重要だ。

また、ＰＣスキルの向上にも努めたい。この分野は、今後さらにＩＴ化が進む。ＰＣスキルは、予算シュミレーションなど、経営企画よりのポジションへ進む際には欠かせない。付け加えるならば、経理・財務の仕事は、資格に価値がある職種でもある。日商簿記1級以上の資格や、税理士試験で2課目以上の合格、ＣＰＡといった高度な資格をもっていれば、実務経験は少なくても、優秀な人材だと判断される。ただし、資格が通用するのは20代までだ。

【人事系キャリア地図】●資格より評価制度で〝値段〟を上げろ

近藤拓さん（28歳）は、大学卒業後、人材派遣会社に就職し、営業部に配属された。そして、就職して3年目、彼は今後のキャリアについて考え、私のところへやってきた。

「どんなビジネスにせよ、すべては人が基本だ。ならば人という面から、経営にインパクトを与えるようなコンサルティングをしていこう。日本では、まだ人事を中心としたマネジメントが未熟だが、これからはアメリカのように、この分野の職種が伸びるのではないか」

そこまでは考えたものの、まだ明確に方向性を定めていなかった彼に、私が紹介したのは、外資系コンサルティング企業の人事職のポジションだった。面接では、

「営業から人事へ、キャリアを変えることについてどう思うか」

という質問が出たそうだ。それに対して彼は、

「キャリアチェンジという意識はありません。人材関係の知識もありますし、登録者との面接もしてきましたから、そういった経験は即戦力として使える部分だと思います。また、営業で鍛えられた対人折衝能力やコミュニケーション能力も、人に接し、評価する人事の仕事につながる部分があると思います」

と、答えた。そして、まさにこれが、彼を採用した企業側の理由でもあったのである。

転職から2年たった現在、彼は中途採用と教育業務を担当している。月に数十人も採用することもあり、超多忙な生活を送っている。外国人スタッフとの仕事も多く、英語力もアップしたという。

人事スペシャリストのニーズは高まりを見せており、圧倒的に足りない状況にあるのが現状だ。実力主義や成果主義など、今までの日本にはなかった人事制度が主流になりつつある今、評価システムがきちんとしていなければ、優秀な人材は採れない。あるいは、逃げられてしまう。だが、時代にあった制度を、日々開拓していける人事のスペシャリストは、まだ日本には少ない。

最先端の人事制度に触れるには、外資系企業で働くことを勧める。人事や評価のシステムは、欧米のほうが進んでおり、新しいシステムに触れるチャンスがある。日本はまだ、人を評価するシステムが確立されていない。終身雇用制度から実力主義へ移るには、誰もが納得できる絶対的評価システムが必要だ。

こういった制度に関する知識は、人事キャリアの中でも、高い評価を得られる部分なので、勉強は欠かさないでほしい。職場でのチャンスがなければ、講習会に参加したり、雑誌や本で勉強するなどして、常に人事制度の最先端に触れていることが大切だ。

最近、近藤さんのもとに、スカウトの声がかかるようになったという。しかも、大手商社の国際人事職や、外資系金融の採用担当のポジション、外資系ベンチャーが日本で会社を立ち上げるにあたって、リクルーティングのマネジャーを探しているなど、どれも面白そうな仕事ばかりだ。しかし彼ならば、このままあと2、3年働いて、基本的な人事キャ

人事系キャリア地図（社内版）

「人事部　初級スタッフ」

人事部が担当する業務（採用、教育、給与、賃金制度、福利厚生、労務管理、人事制度、組織計画）のうち、2、3の実務を経験する。

経験年数：3年程度（22〜25歳）

平均年収：350〜400万円

↓

「中級スタッフ（主任・係長クラス）」

①「採用・教育」②「給与・賃金制度・福利厚生」③「労務管理・人事制度・組織計画」のうち、いずれかを担当。業務改善の提案を行い、実行する。

経験年数：7年程度（25〜38歳）

平均年収：400〜650万円

↓

「上級スタッフ（課長クラス）」

採用・教育、給与・賃金制度・福利厚生、労務管理・人事制度・組織計画のいくつかの部門を統括マネジメントする。社内の各業務を理解し、人事制度を計画・実行する。ここで、仕事全般の業務を経験するとキャリア形成には望ましい。

経験年数：6〜10年程度（32〜42歳）

平均年収：600〜1200万円

↓

「人 事 部 長」

人材の効果的な配置と活用法を提案実行し、人的資源の有効活用を図り、全社的なコンセプトづくりを推進する。兼任して役員になると、年収は1500〜2000万円になる。

経験年数：7〜10年程度（38〜50歳）

平均年収：800〜1800万円

人事系キャリア地図（転職版）

「人事部　初級スタッフ」

「人材派遣会社・人事アウトソーシング会社」

企業を開拓する営業スタッフかコーディネーターとして転職。アウトソーシング会社で採用、給与等の実績を学ぶ。

転職適齢期：25〜32歳

転職時の平均年収：380〜600万円

「中級スタッフ（主任・係長クラス）」

「コンサルティング会社」

人事制度、組織等の戦略的コンサルティングを行う。ここでキャリアを積んで、コンサルティングファームの役員やベンチャー企業の役員になる道もある。MBA、TOEIC800点以上あれば尚可。

転職適齢期：27〜38歳

転職時の平均年収：400〜1500万円

「外資系、ベンチャー企業」

人事制度全般の構築、改善、運用を担当する。特にIT業界では採用の実務経験者のニーズが高い。外資系の場合は、TOEIC700点以上あれば尚可。

転職適齢期：30〜33歳

転職時の平均年収：800〜1000万円

「人材紹介会社」

キャリアアドバイザーやヘッドハンターとして転職。業界や職種に関する知識や、営業力、交渉力が必要。ここでキャリアを積んで人脈を作れば、ヘッドハンターとして独立することも可能。

転職適齢期：35歳以上

転職時の平均年収：500〜1000万円

リアと英語力に磨きをかければ、もっといい条件の話が舞い込んでくるだろう。最後に、彼はいった。

「30歳を過ぎたら、このまま社内でステップアップをめざすか、転職して新たなステージを目指すか、もう一度考えてみようと思っています。ただ、人というキーワードは大切にしたいですね」

人事キャリアは、ベーシックな経験と知識を身につけると、進路が2方向に別れる。ひとつは、社内ステップアップ・コースだ。人事課長から人事部長、担当役員へと昇進していく。

もうひとつは、シンクタンクやコンサルティング会社へ転職し、スペシャリストを目指すコースだ。経営者に戦略的人事施策のコンサルティングを行ったり、ＥＲＰ（Enterprise Resource Planning、企業全体を経営資源の有効活用の観点から統合的に管理し、経営の効率化を図るための手法や概念）の導入コンサルタントになって、人事という視点からトップマネジメント層に最適な経営情報システムを提供する。

社内でのステップアップを目指すのであれば、人事が担当する業務（採用・教育、給与・社会保険、福利厚生、労務管理、人事制度、人員計画）すべての知識と経験を、まんべんなく身につける。

また、実力主義や年俸制の導入は、今後ますます進むと思われるが、現場の社員からの反発は激しい。人事職には、現場と経営陣との認識のギャップを埋められるバランス感覚やコミュニケーション能力も必要である。これらの能力を着実に身につけることで、自分の値段を高めてほしいと思う。

コンサルティング会社へ進むのであれば、何か専門分野を持ったほうがいい。給与体系や人事制度にくわしいなど、人事業務の中でスペシャリストを目指す。コンサルタントは、人事全体というより、何かに特化したコンサルティングを求められることが多いからだ。また、交渉力やプレゼン力、説得力といった能力も、社外へ飛び出すならば、必要な能力である。

ちなみに、人事関係の仕事をめざす人で、社会保険労務士の資格を目指す人がいるが、やめたほうがいい。ないよりはましという程度でしかない。それより、評価制度の勉強をしたほうが、キャリアアップに役立ち、企業からの評価も高まる。

[セクレタリー・事務系キャリア地図]●一般事務系でも1000万円

セクレタリーは、いいボス（上司）にめぐりあうと、一生困らないといわれる。池津智美さん（31歳）は、社員30名ほどの小さな外資系企業で、部長付きのセクレタリーをしていた。だが、このボスが抜群に優秀な人材で、ある外資系企業の日本法人のトップに引き抜かれてしまった。彼女はがっかりしていたが、ボスから、

「私と一緒に、新しい会社にきてくれないか」

といわれ、一転してハッピーな転職話と相成った。ボスにしてみれば、新しい秘書と組むより、気心の知れた彼女と仕事をしたほうがよいと考えたのである。もちろん、彼女もＯＫし、年収は一気に１５０万円アップした。彼女のような話は、セクレタリーの世界では珍しいことではない。

　また、ボスが社長として引き抜かれる場合、秘書プラス、オフィス・マネジャー（管理部長）の仕事を任されることもある。年齢的には、ボスとの信頼関係がきちんと作られ、人を管理することもできる30代で、こういったチャンスに巡り会うことが多い。

　オフィス・マネジャーとは、オフィス全体の管理が任務で、会社の経理、人事、総務すべての業務を担当する。日本でいう管理部長に近い存在で、年収は１０００万円をこえるのが普通だ。

　ちなみに、オフィス・マネジャーは、転職経験の多さがプラスに転じる職種でもある。人事、経理、総務のすべての知識が求められるからだ。職種を変えることはマイナスにと

セクレタリー・事務系キャリア地図（社内版）

「グループセクレタリー」

部全体の一般事務業務と、上司のスケジュール管理や簡単な通訳・翻訳などの秘書業務を担当する。TOEIC600点程度の英語力とPC能力が必要。また、英語力があれば一般事務職から、セクレタリーにステップアップすることも可能。

経験年数：1〜3年程度（23〜28歳）

平均年収：400〜450万円

↓

「セクレタリー」

個人の秘書業務を担当。TOEIC750点程度の英語力とPC能力が必要。業務知識が身につくため、マーケティングのマネジャーのセクレタリーならばマーケティング分野へ、人事ならば人事の分野へ職種転換することも可能。

経験年数：2〜3年程度（26〜35歳）

平均年収：500〜600万円

↓

「エグゼクティブ・セクレタリー」

役員の個人秘書業務を担当。TOEIC850点程度の英語力とPC能力が必要。キャリアを積めば、経理、人事、総務すべての業務を担当するオフィスマネジャー（管理部長）へのステップアップも可能。その場合、年収は1000万円をこえるのが普通。

35〜45歳

平均年収：800〜1200万円

られがちだが、活かしようによっては武器にもなる。キャリアを総合して、すべてがプラスに転じるようなポジションを目指せばいい。

セクレタリーは、グループ・セクレタリー（課全体の一般事務業務とマネジャーの秘書）、セクレタリー（個人付き秘書）、エグゼクティブ・セクレタリー（役員秘書）の3段階に別れている。基本的なステップアップパターンは、25歳前後でグループ・セクレタリーになり、28歳くらいで個人のセクレタリーになる。最後は、エグゼクティブ・セクレタリーだ。だいたい35歳くらいでなるパターンが多い。徐々に英語力や秘書経験を積んで、ステップアップしていく。年齢的な制限はない。

また、20代前半のアシスタント・セクレタリーや、グループ・セクレタリーは、実務経験の壁が低い。上司に推薦されて、派遣社員やアルバイトから正社員へというケースもよくある。

セクレタリーは、

●上司のスケジュール管理
●上司が口頭で指示した内容をビジネスレターやEメールにする
●アポイントメント
●通訳、翻訳

が主な仕事で、ボスの仕事の一部をまかされることも多い。また、小規模な外資系企業ならば、エグゼクティブ・セクレタリーからステップアップして、オフィス・マネジャーに就くコースも開けている。

セクレタリーに必要なのは、英語力と上司が仕事をしやすくするためのサポートである。ちなみに、秘書検定という資格があるが、あれは不要だ。それより履歴書に、「仕事のプライオリティー（優先順位）を考え、効率的に仕事を進めることができます」と、書いたほうが評価は高い。セクレタリーに求められるのは、「上司の仕事のプライオリティーを考え、無駄なく進められるようマネジメントをすること」

なのである。

英語力は最初から高いレベルを求められるのではなく、秘書としてのステップアップと共に磨きをかけていけばいい。ＴＯＥＩＣでいうと、グループ・セクレタリーは６００点程度、セクレタリーは７５０点程度、エグゼクティブ・セクレタリーになると８５０点程度の英語力が求められる。セクレタリーに限らず、どんな仕事でも英語力の評価は高い。身につけておいて絶対に損はない技能だ。

ちなみに、外資系企業のセクレタリーは、国内企業の秘書よりも年収が高い。グループ

・セクレタリーで４００～５００万円、セクレタリーは５００～６００万円、エグゼクティブ・セクレタリーになると１０００万円を超えることもめずらしくない。日本企業のセクレタリーは、どんな大企業であっても、これだけの金額はもらえない。

また、外資系企業は、セクレタリーのポストが多く、求人が多いこともメリットである。それに、一部業務の手伝いをするなどして、業務の中身を知ることから、マーケティングのマネジャーのセクレタリーをしていればマーケティング分野へ、人事のマネジャーのセクレタリーをしていれば人事の分野へ職種転換することも容易になり、ステップアップの可能性が広がる職種である。

【技術系キャリア地図】●ＩＴで1億円プレーヤーになる

ＳＥやＩＴコンサルタントといったシステム構築の仕事は、市場価値が高い。キャリアを積めば、かなり高額な収入を得ることが可能だ。

ＳＩ（System Integration）は現在、最も活気づいた市場だといえる。ＳＩとは、高度・多様化した情報システムを、コンサルティングから基本設計、ハード選択、ソフト開発、運用、保守までを一括して受託し、さらに構築されたシステムの性能まで責任を負うシステム開発の事業形態をいう。現在、ハードウェアメーカー、情報サービス会社、コンサルティング会社各社が、こぞってＳＩの専門ノウハウの蓄積を目指したり、コンサルティング部門の充実に力を注いでいる最中だ。

鈴原勝久さん（30歳）は大学卒業後、いくつか職を変え、最終的にＩＴコンサルタントを仕事に選んだ。彼は、コンピュータメーカーのテクニカルコンサルタントとして、３年のキャリアを積んだ。データウェアハウスプロジェクトに参加し、論理モデルや物理モデルの作成を担当した。様々な企業へのコンサルティングサービスの提案、ＩＴサービスのマーケティング調査等も任されていた。

しかし、彼は今の仕事に面白さを感じつつも、自社の製品にとらわれないことで、システム構築の幅を広げたいと考えていた。そこで、コンサルティング会社へ転職したいと、私のところへやってきたのである。彼はバイタリティにあふれた人で、キャリアにも申し分なく、すぐに外資系大手コンサルティング会社のＩＴコンサルタントとして採用が決まった。しかも、年収30パーセントアップに成功した。

国内のコンピュータメーカーは、若手の給料が低めに設定されている。そのため、外資系のコンサルティング会社に転職すると、仕事の中身は同じでも、これくらいアップするのが普通だ。

I/T技術系キャリア地図（社内版）

「ハード/ソフトウェアベンダー、S/I会社、プログラマー/SE」

CやVB、WindowsNTなどいくつかの言語やOSを使える。プロジェクトマネージメントの基礎を学ぶ。

経験年数：1～3年程度（20～25歳）

平均年収：300～450万円

「S/Iプロジェクトリーダー（中級SE）」

サブリーダーを経てリーダーになる。ネットワーク技術（LAN、TCP/IP）、データベースERP、SCMのいずれか基礎知識を習得し、プロジェクトの進捗管理ができる。

経験年数：3～5年程度（25～30歳）

平均年収：350～600万円

「専門コンサルタント」

プロジェクトリーダーを何度か経験した後に、データベースERP、SCMなどのスペシャリストとして各プロジェクトを支援し、また社内技術者の技術教育を担当する。キャリアを積めば主席技術コンサルタントや独立も可能。

経験年数：10～15年程度（30～45歳）

平均年収：500～1200万円

「プロジェクトマネジャー（上級SE）」

システム全体の構築能力と、期限内に最適なシステムを作り上げる責任と権限がある。

経験年数：5～10年程度（30～40歳）

平均年収：500～800万円

「S/Iプロジェクト統括マネジャー（部課長クラス）」

複数のプロジェクト・マネジャーを管理し、利益を上げる仕組みを作る。最近ではこのポジションで数千万円の年収を得る賃金システムがある会社もある。

経験年数：3～5年程度（35～43歳）

平均年収：650～1200万円

「本 部 長」

担当する部門の損益の責任がある。予算管理、人員計画を立案実行する。部門を独立させ社長になるケースもある。

経験年数：5～10年程度（40～50歳）

平均年収：1000～1500万円

I/T技術系キャリア地図（転職版）

「ネット系ベンチャー企業」

ネット企業へ技術スタッフとして転職する。ネット企業の多くは小規模なので、30代後半で責任者になれる可能性が高い。その時の年収は800万円以上になる。

転職適齢期：30歳前後

転職時の平均年収：400〜550万円

「ユーザー企業」

社内SEとして転職する。企業戦略を達成するために、システム戦略を計画・実行する管理職にステップアップしていく。CIOになると1500万円以上になる。

転職適齢期：27〜35歳

転職時の平均年収：450〜700万円

「S/Iプロジェクトリーダー（中級SE）」

サブリーダーを経てリーダーになる。ネットワーク技術（LAN、TCP/IP）、データベースERP、SCMのいずれか基礎知識を習得し、プロジェクトの進捗管理ができる。

経験年数：3〜5年程度（25〜30歳）

平均年収：350〜600万円

「コンサルティング会社」

業務コンサルタントとして採用される。社内でのキャリアアップの他、ベンチャー企業へCIOとして転職するステップアップコースもある。業務の専門分野を持っていると有利。

転職適齢期：30歳前後

転職時の平均年収：450〜750万円

「ソフトウェアパッケージ会社」

各種パッケージベンダーの導入コンサルタントかプリセールスコンサルタントとして転職する。経理、人事、物流、製造等の特定の職種に精通しているので、キャリアアップの道は幅広い。社内キャリアアップの他、ユーザーサイドへのキャリアアップ転職もある。

転職適齢期：30歳前後

転職時の平均年収：500〜700万円

ＩＴコンサルタントとは、コンピュータを導入することで、仕事の生産性をあげるのが仕事である。具体的には、マネジメント層に経営に関する資料を素早く提供し、経営判断をうながす。個人が持っているリソースを、皆で共有できるシステムに構築するなど、仕事をする上での問題点を見つけ、それを解決するシステムを構築する。その業務は幅広い。

ちなみに、ＩＴコンサルタントの業務には、業務分析などをする上流工程と、実際のシステムを構築する中流工程とがある。ＳＥやプログラマーといった理系職種から転職する人も多いし、営業など文系職種からの転職も可能だ。

就職先には、２種類ある。ひとつは、ハードウェアやソフトウェアのメーカーに属するスタイル、もうひとつはコンサルティング会社に入り、経営コンサルティングの一部としてＩＴ戦略を打ち出す方向だ。

メーカーに属す場合は、最終的には自社の製品を売ることが目的になる。最近では、ハードウェアメーカーであれば、ソフトウェアのベンダーとパートナーを組んで、商品を組んで売るのが一般的だ。システム提案後も、運用に問題はないか長期的にチェックし、自分が提案したシステムと、とことんつきあうことになる。

製品を持たないコンサルティング会社は、さまざまなベンダーから最適なシステムを選びだし、システムを構築する。システムが採用されるまでが担当業務だ。

大きな利益をあげるシステムを提案できる人材は、どの企業でも評価が高い。ＩＢＭは優れたＩＴコンサルタントに、数千万円の報酬を出すといっている。ＮＥＣや日立なども同様だ。

この報酬額は、会社の命運をわけるようなビッグプロジェクトをまかされることを意味する。何十億という金が動くことも多く、やりがいのある仕事といえよう。

また、ＳＥやＩＴコンサルタントといったシステム設計の職種は、キャリアをつめば、ＣＩＯ（Chief Information Officer、情報戦略統括役員）も狙える。ＩＴ投資計画を策定し、投資対効果を明確に設定して、成果を出すのが任務だ。中小企業でも、年商が20億円を超える規模になると、ＩＴ投資予算も年間１０００万円以上になる。そのため、経営戦略にもとづいた、ＩＴ活用に関する、経営的視点が必要だ。もちろん地位も高く、年収は１５００万円ほどになる。

職場の快適度は入社後1週間で決まる

新しい職場は気持ちがいい。気分がリフレッシュして、やる気がわく。それはいいことなのだが、はりきり過ぎて失敗する転職者がいる。初日からエンジン全快で仕事をこなそうとすると、あなたは数カ月後にまた転職先を探す羽目になる。今度の転職理由は「人間関係」だ。

　あなたが新しい会社に行って最初にすべきことは、

「期待に応えるために、バリバリ仕事をこなすこと」

　ではなく、

「職場の人間との、良好な関係作りに専念すること」

　である。

　転職者は、異端者だ。同僚たちは、まず「この人は一緒に気持ちよく働ける人かどうか」を探ろうと、様子をうかがう。仕事の実力度をはかるのは、それからだ。

　微妙な空気の中で、同僚との関係づくりをする前に、仕事を始めたらどうなるか。その働き方は「前の会社」のスタイルだ。新しい会社のやり方を無視してバリバリ働くあなたは、「仕事のできるやつ」ではなく、「スタンドプレーの目立つ、嫌なやつ」である。入社早々、孤立を強いられる。

　もちろん中途採用者には、社内の空気を一新することも期待されている。業務や社内形態に対する問題点の指摘は必要だ。ただ、ものごとには順番があり、それは最初にすべきことではない。

企業は、入社した日から活躍することを期待しているわけではない。まずは、人間関係作りや新しい環境になれる期間を設けてくれる。その期間をうまく活用することが大切だ。新しい会社に行ったら、まずは他セクションとの関係や人間関係を把握し、良好な関係を築く。同時に、今までのやり方の問題点を、冷静な目でチェックする。そして、本格的な活動に入ったら、ミーティングなどの公の場所で、問題点を指摘する。同僚や上司に対して個人的に指摘すると、愚痴ととられかねない。

指摘と同時に、改善案も提案する。前の会社にいた時には、この方法でこれだけのコストダウンに成功したなど、数字を使って提案できれば説得力は増すだろう。

ただし、問題点を急いで解決しようとあせるばかり、

「前の会社では……」

を連呼するのは考えものだ。

「そんなに前の会社のやり方が正しかったのなら、辞めなければよかったじゃないか」

と、反感をかうことにもなりかねない。

人間関係が理由で転職を考える人は多い。せっかく希望する仕事に就けたのに、数カ月後にはまた転職活動などという展開は、できれば避けたい。転職に成功した時点で、あなたの市場価値や、才能の高さは認められている。あせらず、新しい会社でキャリアを築い

てほしい。そして、社内での評価が高まることで、あなたの値段は、さらに高まっていくことになるのだ。

上司の引き止めは危険な罠である

直属の上司へ退職の意志を伝えると、その瞬間から引き止め工作が始まる。

「今夜、ちょっと飲みにいこうか」

と、誘われ、酒を飲みながら、

「不満があるなら改善するから、いってみろ」

「せっかくのキャリアが中途半端になるのはもったいない」

と、説得される。多少の給料アップも提示されるかもしれない。上司は、あなたを辞めさせないために必死だ。しかし、間違ってもこれを、

「こんなに自分のことを考えてくれるのか」

などと勘違いしてはいけない。

上司が必死なのには、別の理由がある。もちろん、真剣にあなたのことを考えてくれる上司もいるが、大半は、自分の保身のためにやっているだけだ。

優秀な人材に辞められるのは上司のマイナス評価となる

部下に辞められると、まずは仕事が滞ってしまう。他の企業が欲しがる優秀な人材が抜けた穴は大きい。

　また、その人が優秀な社員であればあるほど、その人に続いて優秀な社員から、芋づる式に辞めていく可能性が高い。

「あの人が辞めたのなら、この会社には価値がないのではないか」

　と、日頃から転職を考えていたものの、行動に移す勇気がなかった社員の背中を押してしまうからだ。そんな事態に陥れば、上司の管理能力は大きく問われる。そうならないために、上司は必死なのだ。

　もしも、上司の罠にかかって会社に残ったら、待っているのは地獄だ。あなたが会社を捨てようとしたことは、すでに社内中に知れ

渡っている。役員や同僚の目は冷たく、いづらい空気が漂っている。また、

「俺の下で働くのが、そんなに嫌だったのか」

と、上司との信頼関係は、すでに壊れている。当然、上司の評価は厳しくなり、昇進も遅れることが考えられる。

上司の思惑に踊らされ、自分の才能や将来をつぶされないよう、重々注意してほしい。

転職に成功しても気をぬくな

松坂哲生さん（30歳）は、転職した最初の年に、社内トップクラスの営業成績をあげた。もともとハードな会社で働いていた彼は、残業もいとわなかったし、前の会社でみっちりと基本を叩き込まれたため、仕事は正確だった。また、もともと優秀な人材でもあった。彼としては、普通に働いていただけだったが、新しい会社の中で、その仕事ぶりは光っていた。しかし、

「何だ。前の会社のようにがむしゃらに頑張らなくても、仕事はこなせるじゃないか」

と、2年目にして、手を抜くことを覚えてしまった。彼はもともと勘がよく、ポイント

を押さえることに長けていた。資料や企画案を出すよう指示された時には、どこを押さえておけば上司が喜ぶかを見抜き、そこだけ押さえて、後はいい加減にまとめた。それで通用した。

しかし転職して2年後、新しい上司がやってきて、状況は一変した。新しい上司はヘッドハンティングされてきた優秀な人材で、業界では名の知れた存在だった。松坂さんは、彼の下で働けることを嬉しく思った。

上司は彼に、販売計画書を出すよう指示した。彼は、自分の実力を認めてもらおうと、計画書の作成に集中した。しかし、何か調子が出ない。頭がうまくまわらないのである。結果、できあがった計画書もひどい代物で、

「何年、この仕事をしてきたんだ」

と、何度もやり直しを命じられた。

なぜ、このようなことになってしまったのか。彼は、この2年の間に、彼は手を抜く技術ばかりが上達し、実力を１００パーセント出し切る勘を忘れてしまっていたのである。人間は誰でもそうだが、一度気を抜くと、そこから抜け出すのには時間がかかる。成長を求められないぬるま湯の中で過ごした2年は、彼の能力を錆びつかせていた。

だが、2年目で気づいた彼は、まだラッキーだったといえよう。このままぬるま湯で過

ごしていたら、彼の市場価値は大暴落するところだった。

特に、技術職の場合、こういう悲劇は起こりやすい。技術的にやや下の企業に、大幅な年収アップで迎えられることがあるからだ。本人は、自分の専門技術を伝えるだけでいいから楽だし、会社側もそれを期待している。そして、技術は日々進歩しているというのに、勉強はおろそかになり、自分の市場価値を下げてしまうというパターンだ。

優秀な人材であればあるほど、こういうことは起こりやすい。もしも、自分が一歩リードしている企業へ転職したら、その差を埋められないよう気をつけることだ。それだけで、企業から常に必要とされる人材であり続けることが可能だからだ。

決めずに辞めると後で必ず後悔する

転職を経験したことのない若い人は、自分に無限の可能性と才能があるように感じて、無謀な行為をしがちだ。一度転職を考えると、今の会社で働くのがどうしても耐えられなくなり、

「辞めてから探せばいいや」

と、次の就職先を決めないで、退職届けを提出する人がいる。こういう人は結局、前の

会社より、給与も仕事の中身もレベルダウンするケースが多い。

「次の会社に入る前に、ちょっとのんびりしよう。また会社に入ったら、ゆっくりできる時間がなくなるんだし……」

などといっていると、すぐに気持ちがだれてしまう。人間関係や残業で疲れきっていたあなたにとって、会社に通わずにすむ生活はパラダイスだ。毎日決まった時間に起きて、満員電車に乗って、会社に着いたら嫌いな上司と一緒に働かなければいけない。そんな規制が全部なくなって、楽な生活に脳みそがふやけてくると、社会復帰が難しくなる。

1、2ヶ月近くたって、貯金に手を出さなければいけないようになると、

「そろそろ仕事を探さなければ、まずいかも」

と、少し焦りはじめる。しかし、動いたからといって、希望にあった求人はすぐには見つからない。あったとしても、必ず採用してもらえるわけではない。応募しても不採用という返事が何社か続くと、社会から、

「お前なんかいらないよ」

といわれているような気がして、気持ちが沈んでくる。

毎月定期的に振り込まれていた給料はもうない。食べる心配をするほどみじめなことはない。学生でもない、社会人でもない、どこにも属さない不安感に、ひどくあせりだす。

だから、無職期間が長くなると、どうしても妥協してしまう。

「もうどこでもいいから、就職しなければ……」

悲しい転職だ。しかも、やっと面接までこぎ着けた企業には、

「この数ヶ月、何をしてたの？」

などと、あきれた口調でいわれてしまう。

ただし、留学のためとか、何かを勉強したくて会社を辞めたのなら話は違う。面接の時に、理由をきちんと説明できる。ただ、結果は示さないといけない。英語を勉強していたのなら、TOEICで何点取りました、ということだ。

会社を辞めてから探せば、時間が空くぶん、腰を据えて探せるというメリットはある。だが、生活に困らない環境にいるということは、安心感を醸し出し、精神的にもゆとりがあるので、新しい企業を探す視野も広くなる。幸せな転職をしたいなら、次の仕事を決めてから会社は辞めること。これは鉄則である。

お金の心配で才能をつぶす愚を犯すな

「本当に好きなことは仕事にするな」という人がいるけれど、私はそうは思わない。好き

なことで「飯が食える」なら、それ以上の幸せはない。

ただ、それで本当に食っていけるのかが問題だ。生活費を稼げなければ、どんなに好きなことでも続けられない。

先日、『20代の転職』を読んだという、地方都市に住む25歳の女性から電話がかかってきた。大学卒業後、地元の地銀に勤めた彼女は、学生時代からイラストを書くことが得意で、自分のイラストで構成したのホームページを開いていたという。友人には評判がよく、

「このキャラクター、かわいいね」

と、みんながほめてくれた。ウェブ上で自分のイラストを発表する作業は快感で、友人からの反響も上々だったため、次第に彼女は、

「イラスト一本で食べていきたい」

と、思うようになった。しかし、プロになるためには、それなりのノウハウが必要だろう。学校に通って、勉強することも必要かもしれない。それに、そこで人脈をつかんで、仕事をもらえるというパターンもあるかもしれないと考え、地元のカルチャースクールのイラスト講座に通い、イラストレーター養成講座の通信教育も始めることにした。しかし、クラスメイトは、趣味で来ているような年輩者ばかりで、出版関係の人脈などとうてい望める環境ではなかった。

2年間、スクールに通ってそれなりの努力もしたし、ホームページの評判もいいし、それを営業材料にすれば、きっと仕事がもらえる。それに何といっても私は描くことが好きだ。銀行の仕事は嫌いじゃないけど、辞めて夢に挑戦してみようと思い、彼女は2年半勤めた銀行を退職することにした。

そして、地元の情報誌や、自分が読んだことのある雑誌の編集部すべてに、営業の電話をかけた。しかし、結果は全滅だった。当たり前だ。今までイラストの仕事をした経験がなく、何かの賞をとったわけでもない。しかも出版関係につてがあるわけでもない彼女に、仕事がくるわけがない。

それに、出版業というのは東京の地場産業のようなものだ。地方で発行する雑誌や新聞は極端に少なく、仕事をもらえるチャンスは少ない。

思っていたほど、自分に価値がなかったことを思い知り、彼女は将来が見えなくなった。どうしたらいいのかわからなくなってしまった。

また、会社勤めをしながら描いていた時はあんなに楽しかったのに、本業にしたら、イラストを描くことが苦痛でしかなくなってしまったという。面白いキャラクターが、まったく思いつかず、将来やお金のことばかり気になってしまう。

それでも彼女は親元にいたので、収入がなくても生活できた。それが甘えになることもあるので、どちらがいいかはわからないが、これが一人暮らしだったら悲惨だ。生活費のことばかり考えてしまう。それに比例して、いいものが生み出せなくなる。よく「1年間は生活できる金をためてから会社を辞めろ」というのは、生活のことばかり考え、仕事に集中できなくて、結局才能をもだめにしてしまうのを防ぐためだ。

そうこうしているうちに半年たち、彼女はイラストレーターの夢をあきらめ、銀行に戻りたいと思うようになった。嫌で辞めた仕事ではないし、自分にはこの仕事しかできないから、と。

そんな時に書店で私の本を見つけ、相談してきたというわけだ。私は彼女に、

「これから銀行に戻るのは無理でしょう。キャリアといっても窓口業務を2年半経験したに過ぎないわけだから、金融関係のスペシャリストも難しい。一般企業の経理部など、これからキャリアを伸ばせる仕事を目指したらどうですか。幸いあなたはまだ若い。第二新卒的に採用される可能性がありますよ」

と、アドバイスした。しかし、私は気になって、

「でも、たった半年で夢をあきらめていいんですか?」

と聞いてみた。すると彼女は、

「いいんです。私には才能がないことがわかりましたから」

と、あっさり答えた。

私はそれを聞いて、少しがっかりした。彼女の夢は、たった半年であきらめる程度のものだったからだ。そして、その程度の覚悟しかないことに、働いている時には気づけなかった。自分の実力も客観的にとらえていなかった。２年半も学校に通っていたのだから、冷静に考えればわかったはずだ。

熱にうなされてるときは、自分の甘さに気づけないものだ。それに、若い人は食べていくことの厳しさを、実感として知らない。さらには、身近に相談できる人生の先輩がいないので、それを教えてくれる人もいない。結果「私はこれがやりたい。だからやっちゃえ」と、十分な準備や検討をしないで無謀な行動を起こし、後から自分の考えが甘かったことに気づくのである。

冒険をしたいのなら、準備に手を抜くな。準備さえ怠らなければ、大きな失敗はないはずだ。

「自分らしい仕事」の見つけ方、つかみ方

２００１年、「フリーター」という存在はすっかり社会に浸透した。２０００年には都

立高校卒業生の約2割、全国でも高卒の1割にあたる13万人が就職も進学もしなかったという。大卒の約4パーセント、2万3000人が就職ではない「一時的な仕事」についたし、東大、京大でもそれぞれ10人弱が卒業後の進路を「フリーター」と届けたそうだ。

若いうちはそれでもいいかもしれない。食べていけるし、親に頼ることだってできる。盆と正月しか休めない会社員と違って、自由時間がたくさんあるし、変なしがらみや責任もない。

しかし、フリーターの仕事は「誰でもいい仕事」でしかない。責任感やプライドは、いつまでたっても持てない。

「やりたいことが見つからないから、どんな仕事でも同じだと思って、フリーターを10年続けている」

という人の新聞記事を読んだことがある。

しかし、誰でも代わりのきく程度の仕事しかしていないのに、一生の仕事が見つかるわけがない。

「こんな生活はだめだ」

と、自分でもわかっているはずだ。

しかし、自分が希望する仕事や会社に就職するのは難しい。もやもやした気持ちをかかえて、どうしていいのかわからなくなっている人が多いのではないだろうか。もしそうならば、どんな仕事でもいいから就職してみることだ。そして、「誰でもいい」仕事ではなく「自分でなければできない」仕事をすることだ。

　責任のある立場にたつということは、めんどうなことも多いけれど、それに比例して得られるものも大きくなる。必要とされる実感を味わえば、おのずと自分の価値と可能性が見えてくるし、

「この仕事、やってみたらすごく面白い」

と、適職に出会えるチャンスもある。やりたい仕事は、頭の中だけで考えても見つからない。いろいろな仕事を見たり、話を聞いたりするうちに、自然に見えてくるものだ。

最悪なのは、せっかく「やりたい仕事」を見つけたのに、それに就けないというケースである。やりたい仕事に巡り会うまでの期間を、「今の仕事は自分に合わないから」となげやりにしていたら、企業はあなたに声をかけない。合わない仕事でも真剣に取り組んで成果を上げていれば、好きな仕事に就けばもっと成果を挙げられるんじゃないか、と考えるからだ。

　だからもし、あなたが「やりたいことが見つからない」ことを悩んでいるなら決して今の仕事で手を抜いてはいけない。

人生は、睡眠と仕事の時間が大半を占める。いかに仕事を楽しむかは、いかに人生を楽しむかとイコールである。だから、働くということをもっと大事にしなければもったいない。

あなたはロボットではない。誰でも代わりのきく仕事なんかするべきではない。あなたには、他の誰かと違ういいものがあるはずだし、あなたにしかできない仕事が絶対にあるはずだ。

未経験でも好きな仕事がつかめる

自分の才能を埋もれさせるな

2001年8月7日　初版第1刷

著　者 ── 内田定美

発行者 ── 籠宮良治

発行所 ── 太陽出版

〒113-0033 東京都文京区本郷4-1-14
TEL 03(3814)0471　FAX 03(3814)2366
http://www.taiyoshuppan.net/

印字=スパイラル
壮光舎印刷／井上製本

ISBN4-88469-236-5

漢字力

［楽・簡・速］記憶法

◎漢字記憶量を倍増する!!

漢字塾　田圭二郎＝著

四六判／256頁／定価 一六〇〇円＋税

「禾」はノ＋木だから
そのまま読んで
「のぎへん」という——
丸暗記方式を粉砕する
革命的漢字記憶法!!

一家で学べ、
「漢字検定試験」受験者のテキスト、
国語教師の指導書としても最適の書。

◆出題クイズ多数◆